HONFLEUR

L'auteur et la maison d'édition souhaitent remercier tous ceux qui ont contribué à la réalisation de ce livre, et particulièrement les traducteurs (voir plus bas) ainsi que Françoise David, Catherine Montadon et Pierre Jan pour leur soutien de la part de la ville d'Honfleur.

The author and the publisher wish to express their thanks to all who contributed to get this book under way, especially the translators (see below) as well as Françoise David, Catherine Montadon and Pierre Jan who did their test in supporting the project on behalf of the City of Honfleur.

Autor und Verlag möchten all jenen danken, die zum Zustandekommen dieses Buches beigetragen haben, insbesondere den Übersetzerinnen und Übersetzern (siehe unten) sowie Françoise David, Catherine Montadon und Pierre Jan für ihre Unterstützung von Seiten der Stadt Honfleur.

Sommaire

Appendice

Contents

Appendix

Inhalt

Anhang

目次

付録

Übersetzungen
Französisch: Ruth Paro, Valentin Schneider; Englisch: Brian Goodman, Helen Schatzberger, Halwart Schrader; Japanisch: Masayo Nishioka

Herstellung
Layout, Scan: Halwart Schrader; Bildbearbeitung, Textredaktion, Produktion: Valentin Schneider; Schlußredaktion: Gérard Sasias, Gabriele Schneider; Druck: Sagrafic S.L. Barcelona/Spanien

Herausgeber: Hans-Jürgen Schneider **Verlag:** SCHNEIDER TEXT Éditions spécialisées
E-Mail: schneider-text@wanadoo.fr; Site internet: www.schneider-text.com

ISBN: 2-911870-17-4 **Dépôt légal:** 2007

Halwart Schrader

HONFLEUR

Hommage à une ville extraordinaire . Hommage to a very special town . Hommage an eine besondere Stadt

オンフルール : 特別な街に敬意を込めて 日本語訳付

Schneider Text

1

Le Maire d'Honfleur : « Chargé d'histoire »

Honfleur est une ville particulièrement appréciée. C'est un endroit chargé d'histoire et un haut lieu culturel qui la rendent célèbre depuis longtemps au-delà des nos frontières. Je me réjouis que l'auteur de ce livre, comme beaucoup d'autres avant lui, considère Honfleur comme une seconde patrie et developpe les raisons de cet attachement. Dans ce livre, il parle de sa passion pour cette vieille cité portuaire située sur l'estuaire de la Seine.

Dans les pages qui suivent, l'auteur exprime ses impressions à travers une série de photos originales avec des thèmes qui, autrefois, ont inspirés de nombreux peintres célèbres. Sachez que des millions de visiteurs de monde entier se rendent chez nous où ils se sentent bien. Il règne en effet à Honfleur une agréable et attachante atmosphère.

Michel LAMARRE
Maire d'Honfleur

1 : Bateau pilote dans l'estuaire de la Seine, vers 1850.
1: Pilot boat in the Seine estuary, ca. 1850.
1: Lotsenboot in der Seine-Mündung um etwa 1850.

2

The Mayor of Sandwich: "Twinned since 1957"

Having chosen to spend your holidays in Honfleur you will most certainly agree that this little harbour town is one of the most attractive places in Normandy; one that not only preserves history and colourful traditions but also looks forward and plans ahead.

Since my esteemed colleague Michel Lamarre, Mayor of Honfleur, entered office, the town has improved on its reputation as a centre for tourism in Normandy and has, without damaging its historical town centre and harbour, grown in economic significance.

The community of Sandwich is happy that since 1957 it has been twinned with Honfleur. Mutual respect has spun a thread of friendship and visitors from the United Kingdom are certain to receive a warm, cordial welcome. I am sure that they return with a soft spot for Honfleur in their hearts along with admiration for the French way of life.

Councillor B. A. SCOTT
Mayor of Sandwich, Kent

3

Bürgermeister Wörth: „Bedeutende Substanz"

Wer einmal dort gewesen ist, wird es bestätigen können: Honfleur ist eines der wohl reizvollsten Hafenstädtchen im Norden Frankreichs, zugleich eines, das bei aller Besinnung auf Tradition und Geschichte nicht im Gestrigen verharrt, sondern mit klaren Visionen antritt, was eine sinnvolle Zukunftsplanung betrifft. Unter der Führung meines Kollegen Michel Lamarre, dem amtierenden Bürgermeister Honfleurs, hat diese Stadt in den letzten Jahren in hohem Maße an Profil gewonnen; hier ergänzen sich eine interessante, dem Besucher attraktiv vermittelte Historie und wirtschaftliche Aspekte geradezu ideal.

Eine Reihe von werterhaltenden Bau- und Sanierungsmaßnahmen im Einklang mit privaten Initiativen legt Zeugnis davon ab, daß in Honfleur mit viel Feingefühl eine bedeutende Substanz bewahrt wird. Die Partnerstadt Wörth a. Main ist stolz darauf, Honfleur in vielfältiger kultureller Weise verbunden zu sein. Die beiderseitige Tradition des Schiffbaus und der Schiffahrt wird durch Spezialmuseen dokumentiert, die sich in ehemaligen profanierten Kirchengebäuden befinden. Honfleur ist eine Stadt, die aus einer Reihe von guten Gründen liebenswert ist und die sich auch in Deutschland der Sympathie unzähliger Frankreich-Liebhaber erfreut.

Erwin DOTZEL
Bürgermeister der Stadt Wörth a. Main

2 : Vue sur le quai St.-Etienne avec le Musée de la Marine.
2: View of Quai Saint-Etienne with the Maritime Museum.
2: Blick auf den Quai Saint-Etienne mit dem Marinemuseum in der ehemaligen Kirche Saint-Etienne.

3 : Bateaux de pêche dans le port, 1964.
3: Fishing vessels mooring, 1964.
3: Fischerboote im Hafen, 1964.

Honfleur : Art de vivre et romantisme marin au bord de la Seine

Le département se nomme Calvados, la région est la Basse-Normandie. Les Français disent aussi que Honfleur est un joyau du Pays d'Auge - le nom donné au comté d'autrefois, bordé à l'ouest et au sud-ouest par la Plaine de Caen et de Falaise ansi que la vallée de l'Orne. Le Pays d'Auge avec ses maisons en colombages et ses vergers jouit déjà depuis 1962 d'une protection toute particulière de son paysage magnifique.

La surface de la commune d'Honfleur avec ses 9800 habitants environ s'étend sur 0,37 kilomètres carrés (en comparaison, Monaco est cinq fois plus grande) et se situe immédiatement à l'embouchure de la Seine, à 200 kilomètres de Paris et à 95 kilomètres de Rouen - et à quelques 90 milles nautiques seulement de la ville balnéaire de Brighton sur le côté britannique de la Manche.

Honfleur : le début. Beaucoup de visiteurs d'Honfleur déjà sont tombés amoureux de cette petite ville à l'embouchure de la Seine dès le premier jour de leur séjour. Il y a plus de 150 ans déjà, des voyageurs avouaient ouvertement d'avoir laissé leur cœur dans cet endroit pittoresque. Et certains d'entre eux restèrent pour longtemps.

L'histoire d'Honfleur remonte jusqu'à l'antiquité. A l'époque des Celtes déjà, la Seine était un tronçon important de la route commerciale entre le monde méditerranéen et les îles britanniques. L'emplacement de ce qui deviendra plus tard Honfleur, à l'embouchure du fleuve dans la Manche, permettait déjà à cette époque le contrôle du commerce d'outre-mer. Pour la tribu gauloise des Lexovii (les habitants de la ville de Lisieux, située au sud

Honfleur: Leisure time and romanticism at the Seine river estuary

Calvados is the name of the Département, while the whole region is called Basse Normandie - lower Normandy. Also, the French claim Honfleur to be the jewel of the Pays d'Auge, an ancient designation still in use for the county, bordering in the west and the southwest to the Plaine de Caen et de Falaise and the Orne valley. The Pays d'Auge benefits from a special environment and nature protection, issued as early as 1962.

The community of Honfleur with its approximately 9800 inhabitants covers less than 0.14 square miles (Monaco is five times as large), situated directly at the Seine river estuary, about 200 road kilometres (124 miles) from Paris and 95 (60 miles) from Rouen. The distance from the seaside resort Brighton on the opposite side of the Channel is not more than 90 nautical miles.

Honfleur: The beginnings. Many visitors to this little town situated at the estuary of the River Seine fall in love with it on their very first day. More than 150 years ago, travellers frankly confessed that they had lost their hearts to Honfleur, and some of them stayed for quite a time.

The history of Honfleur can be traced back to earliest times. Early in the Celtic period the Seine already served as an important link between the Mediterranean and the British isles. The spot at the river's estuary to the Channel where Honfleur was to be founded proved to be ideal for controlling overseas trade activities. For the Lexovii, a Celtic tribe (until today, the inhabitants of the town of Lisieux call temselves Lexovians), this meant an important source of income. 56 Roman

Honfleur: Lebensart und Hafenromantik an der Seine-Mündung

Calvados heißt das Département, Basse-Normandie die Region. Die Franzosen sagen auch, Honfleur sei ein Juwel des Pays d'Auge - so nämlich lautet die auch noch heute verwendete Bezeichnung der einstigen Grafschaft, an die sich im Westen und Südwesten die Plaine de Caen et de Falaise sowie das Tal der Orne anschließen. Das Pays d'Auge mit seinen Fachwerkhäusern und Apfelwiesen genießt bereits seit 1962 Landschaftsschutz.

Die Fläche der Gemeinde Honfleur mit ihren etwa 9800 Einwohnern erstreckt sich über 0,37 Quadratkilometer (zum Vergleich: Monaco ist fünfmal so groß) und befindet sich unmittelbar an der Mündung der Seine, 200 Kilometer von Paris und 95 von Rouen entfernt - und kaum mehr als 90 Seemeilen bzw. 165 km vom englischen Seebad Brighton auf der anderen Seite des Ärmelkanals.

Honfleur: der Anfang. Schon viele Besucher von Honfleur verliebten sich in diese kleine Stadt an der Seinemündung schon am ersten Tage ihres Aufenthaltes. An diesen malerischen Ort ihr Herz verloren zu haben, gaben Reisende bereits vor über 150 Jahren freimütig zu. Und manche von ihnen blieben für lange Zeit.

Die Geschichte Honfleurs läßt sich bis in die Antike zurückverfolgen. Schon zur Zeit der Kelten war die Seine ein wichtiges Teilstück der Handelsroute zwischen Mittelmeerraum und den britischen Inseln. Der Standort des späteren Honfleur an der Mündung des Stromes in den Ärmelkanal ermöglichte schon damals die Kontrolle des Überseehandels. Für den keltischen Stamm der Lexovii (die Einwohner der südlich gelegenen Stadt Lisieux nennen sich noch heute Lexoviens)

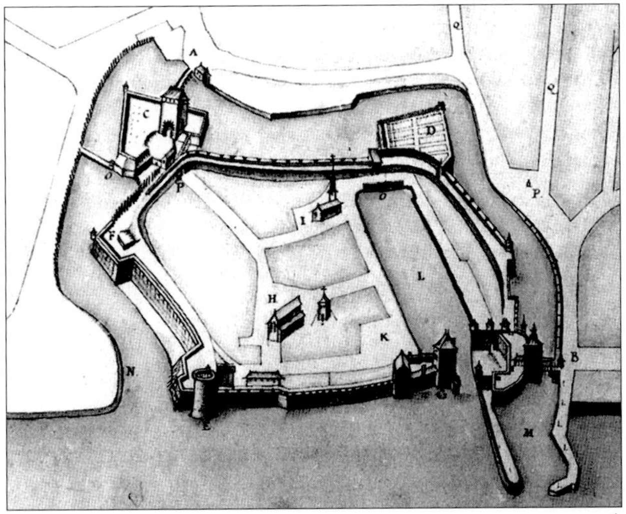

4

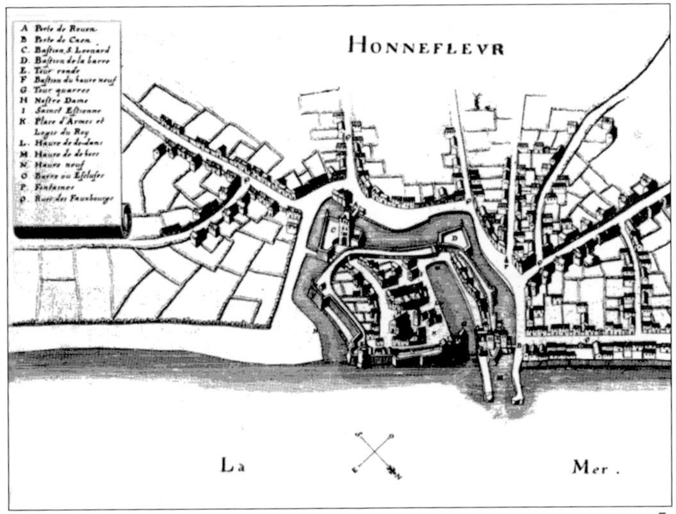

5

4 : Carte d'Honfleur de 1477. 4: Karte von Honfleur um 1477. 4: Honfleur map from 1477.

5 : Honfleur 1560. Telle une île, le centre ville était entouré d'un bras d'eau et de fortifications.
5: Honfleur 1560. Wie eine Insel war der Stadtkern von einem Wasserarm und einem Wall umgeben.
5: In 1560, Honfleur was enclosed by canals and city walls, the town appears almost as an island.

d'Honfleur, s'appellent encore aujourd'hui les Lexoviens), cela signifiait une source de revenus importante. Un trésor de 56 pièces romaines d'or et d'argent datant du IIe siècle av. J.-C., découvert dans une carrière proche d'Honfleur, atteste le commerce lointain d'alors. Pour les voyageurs de commerce, le site était de plus la dernière possibilité de mettre pied à terre avant de s'engager dans la périlleuse traversée de la mer.

Après la conquête de la Gaule par César, le Romains se servirent également du site de la future Honfleur. C'est d'ici que César et ses troupes embarquèrent pour soumettre la future province de Britannia (aujourd'hui : Grande-Bretagne). Au Ve siècle ap. J.-C., des guerriers saxons venus par la mer attaquèrent, pillèrent et enfin incendièrent le site qui portait alors le nom de Portus Niger - le port noir ; il est probable que ce fut la richesse de cette petite ville portuaire fleurissante qui ait attirée les Germains.

Avec la chute de l'Empire romain, les vagues d'immigration se multiplièrent. Même l'Empire franc fondé par Charlemagne en l'an 800 ne réussit à s'opposer que brièvement aux envahisseurs germaniques. Après la mort

gold and silver coins of the 2nd century BC discovered in a quarry near Honfleur give clear evidence of busy foreign trade in those days. For long-distance merchant travellers this place also meant a last opportunity to go ashore before the dangerous crossing of the sea.

After Caesar had conquered Gallia the Romans used this location for strategic purposes. So in 55 BC Caesar choose it to cross the Channel to Britannia trying to invade that country, too. Finally, in the 5th century, the Saxons came, pillaged and destroyed this place which the Romans called Portus Niger (black harbour). Obviously it had been the wealth of this flourishing little town which drew the attention of the Teutons.

When the Roman Empire collapsed, waves of emigration multiplied. Even when Charlemagne founded the Empire of France in 800, the Teutons could be stopped for only a short while. After Charles had died in 814, the young Empire lost its unity, becoming the target of attacking Vikings. Many coastal towns and abbeys became the victims of repeated predatory excursions. Even big cities like Cologne and Paris, situated at the banks of navigable rivers, were not safe from them.

bedeutete dies eine wichtige Geldeinnahmequelle. Ein aus 56 römischen Silber- und Goldstücken bestehender Münzfund aus dem 2. Jahrhundert vor Christus, der in einem Steinbruch nahe Honfleur gefunden wurde, belegt den schon damals regen Fernhandel. Für die Handelsreisenden war der Standort zudem die letzte Möglichkeit, noch einmal an Land zu gehen, bevor man sich auf die gefährliche Überquerung des Meeres begab.

Nach der Eroberung Galliens durch Cäsar nutzten auch die Römer den Standort des künftigen Honfleur. So setzte Cäsar mit seinen Truppen im Jahre 55 v. Chr. von hier aus nach Britannien über, um auch dieses Land zu unterwerfen. Im 5. Jahrhundert nach Christus überfielen, plünderten und zerstörten letztendlich sächsische Krieger den mittlerweile als Portus Niger - Schwarzer Hafen - bezeichneten Ort vom Meer; es war wahrscheinlich der Reichtum einer kleinen, florierenden Handelsstadt gewesen, der die Germanen angelockt hatte.

Mit dem Zusammenbruch des Römischen Reiches vermehrten sich die Einwanderungswellen. Auch das durch Karl den Großen im Jahre 800 begründete Frankenreich bot den germanischen Eindringlingen nur kurz Einhalt.

de Charlemagne en 814, le jeune empire perdit rapidement son unité intérieure et devint l'une des cibles favorites des attaques vikings. De nombreuses villes et abbayes proches des côtes devinrent victimes de pillages répétés. Même des villes situées loin à l'intérieur des terres comme Paris ou Cologne n'étaient pas sûres du fait de leur rattachement à de grands fleuves.

Ce qui au début n'avait commencé qu'avec des pillages, évolua dans le Nord-Ouest de la France vers un établissement plus durable des vikings, également nommés les Normands. En vue de la suprématie militaire des Normands, le roi de France Charles III se voit obligé, en 911, de prendre leur chef Rollon comme vassal et de lui céder la région désormais appelée Normandie en fief.

Having come over as plunderers at first, the Vikings or Normans began to settle permanently in northwestern France. Facing the superior military force of the Normans, King Charles III finally was forced to accept their leader Rollo as a vasall and to dispose of Normandy, as the region was now called, in favour of the Normans.

The origin of the name. In those times, as it seems, Honfleur may have got its name. The origin of the word has nothing to do with "honour" or "fleur", the French word for flower. Following current teaching doctrine, two germanic words seem to have been combined; "hunn" for a cape, spike or prong, and "floth" for estuary or inlet of the sea, or a river. So the Vikings dubbed one of the spots

Nach dem Tode Karls 814 verlor das noch junge Kaiserreich rasch an innerem Zusammenhalt und wurde zu einem bevorzugten Angriffsziel der Wikinger. Viele küstennahe Städte und Abteien wurden Opfer wiederholter Raubzüge. Selbst weit im Landesinneren gelegene Städte wie Paris oder Köln waren wegen ihrer Lage an großen Flüsse nicht sicher.

Was zunächst nur mit Plünderungen begonnen hatte, entwickelte sich in Nordwestfrankreich zu einer dauerhaften Niederlassung der auch als Normannen bezeichneten Wikinger. Angesichts der militärischen Übermacht der Normannen sah sich der französische Köng Karl III. im Jahre 911 schließlich gezwungen, ihren Anführer Rollo als Vasallen aufzunehmen und die nunmehr als Normandie bezeichnete Region als Lehen abzutreten.

6

6 : Autrefois, Honfleur était une importante place de commerce ; les bateaux de la Seine y prenaient en charge la cargaison des grands cargos maritimes. Photo : 1967. 6: In Honfleur's old days, freight traffic and exchange played an important role. Seine boats took over the goods from big ocean vessels. This photograph was taken in 1967. 6: Der Güterumschlag in Honfleur war einst beträchtlich; Seineschiffe übernahmen ihre Fracht von großen Seeschiffen; ein Foto von 1967.

7 : Saint-Etienne vers 1959. 7: Saint-Etienne in 1959. 7: Saint-Etienne, um 1959 (Photo Mulot).

Le nom de la ville d'Honfleur : C'est de cette époque que date probablement le nom de la ville d'Honfleur. Ainsi, le nom « Honfleur » n'a rien à voir ni avec l'honneur, ni avec une fleur, mais serait dérivé selon l'état actuel des connaissances de termes normands, comme par exemple le mot germanique « hunn » pour cap ou corne et « floth » pour estuaire, golfe, bras de mer, et dans un sens plus large fleuve. A l'un de leurs endroits de débarquement près de l'embouchure d'un fleuve, les Normands donnèrent alors le nom de « Hunnfloth ».

Ce qui donna « Honneflo », puis, à la fin du XIIe siècle, « Honnefleu », jusqu'à ce qu l'on rajoute au XIVe siècle le « r » final ; vers 1480 le « ne » de la première syllabe disparut - le nom « Honfleur » avait trouvé sa forme actuelle. D'anciens documents comportent éga-

7

lement des formes telles que « Hunnfloth », « Hunefluctum », « Honflutum », « Honefle », plus tard « Honnefleur ». La syllabe « fleu » se retrouve d'ailleurs dans « fleuve » ; et ce fleuve est bien évidemment la « Sayne », « Saine » et aujourd'hui « Seine ». Une autre théorie, moins répandue, date le nom d'Honfleur de l'époque des envahisseurs saxons du Ve siècle, qui auraient pu donner le nom de « Honna-flew » - « sous les flots ».

Par une ordonnance de 1021, l'église Saint-Etienne-des-Prés, sise dans un village près de l'embouchure de la Seine, tombe sous l'administration du monastère de Beaumont. La région dépendait du comte Bertrand de

where they landed "Hunnfloth" which then became "Honneflo". Ancient documents show also spellings like Hunfluctum, Honflutum, Honnefle and later Honnefleur. The syllable "fleur" can be found in the French word for "river": fleuve. Of course, this river is the Say-ne or Saine, as the Seine was called in the old days. A lesser later theory dates the name back to the 5th century, when Saxon conquerors may have coined the word "Honna-flew", which means "beneath the flood".

By an edict, set up in 1021, a village at the Seine estuary with its church called St. Etienne-des-Près was integrated within the jurisdiction of the Beaumont Abbey. The region was governed by Count Bertrand de Rocheville, a nobleman from a family of great political and economical influence in the region until the 13th century. The first mentioni of Honfleur appears in a document from 1027, signed by Richard III the Duke of Normandy; at that time, Honfleur harbour as well as the villages Fiquefleur and Crémanfleur belonged to the Conteville family. Another document from the 12th century relates to the timber trade between Honfleur and England and is kept in an archive in London. St.-Etienne, completed in the 15th century, still exists and is the oldest religious building of Honfleur, not being a church anymore but housing the local Maritime Museum.

A coast with a history. In France, the 6th of June is a National commemoration day referring to D-Day in 1944 when the Allied Forces landed on the coast of Normandy forcing the German occupants out of the country. The Second World War was at it's turning point.

Invasions were not uncommon to people living in the region, beginning with Romans, Saxons and finally from Norsemen (or Vikings). For their successors, however, The Normandy coast offered many good starting points for crusades to England. William the Conqueror, called Guillaume le Conquérant by the French,

Die Entstehung des Namens. Aus dieser Zeit stammt vermutlich auch die Namensgebung der Stadt Honfleur. So hat der Name „Honfleur" weder etwas mit Ehre (französisch: honneur) noch mit einer Blume (fleur) zu tun, sondern leitet sich gängiger Lehrmeinung nach von normannischen Begriffen ab, wie etwa dem germanischen „hunn" für Cap oder Horn und „floth" für Ästuar, Golf, Meerarm, im weiteren Sinne Fluß. Einem ihrer Landungsplätze nahe einer Flußmündung gaben die Normannen dann den Namen „Hunnfloth."

Daraus wurde „Honneflo", Ende des 12. Jahrhunderts dann „Honnefleu", bis im 14. Jahrhundert das finale „r" angehängt wurde; um 1480 verschwand das „ne" in der ersten Silbe - der Name „Honfleur" hatte seine heutige Form gefunden. In alten Dokumenten finden sich auch Abwandlungen wie „Hunnfloth", „Hunefluctum", „Honflutum", „Honefle", später „Honnefleur". Die Silbe „fleu" ist übrigens auch im französischen „fleuve" für Fluß enthalten; und dieser Fluß ist natürlich die „Sayne", „Saine", heute „Seine". Eine weniger geläufige Theorie datiert die Namensgebung Honfleurs auf die Zeit der sächsischen Eroberer im 5. Jahrhundert, welche den Namen „Honna-flew" - „unter der Flut" - geprägt haben könnten.

Durch eine Verfügung von 1021 fiel die in einem Dorf an der Seinemündung gelegene Kirche Saint-Etienne-des-Près in die Zuständigkeit des Klosters Beaumont. Die Region unterstand dem Grafen Bertrand de Rocheville; seine Familie bildete bis ins 13. Jahrhundert eine einflußreiche Sippschaft, der Honfleur die Grundlage seines frühen wirtschaftlichen Wohlstands als Hafenstadt verdankte.

Die erste urkundliche Erwähnung Honfleurs datiert von 1027, unterzeichnet von Richard III, dem dritten Herzog der Normandie. Zu dieser Zeit gehörte der Hafen Honfleur, sowie die Ortschaften Fiquefleur und Crémanfleur, der Familie Conteville. Eine weitere Urkunde belegt den Holzhandel zwischen Honfleur und England. Dieses Dokument stammt aus dem 12. Jahrhundert und befindet sich heute in

Rocheville ; jusqu'au XIIIe siècle, sa famille formait un « clan » influant, à qui Honfleur devait la base de sa prospérité précoce en tant que ville portuaire.

Honfleur est mentionné pour la première fois en 1027 sur un document signé par Richard III, le troisième duc de Normandie. A cette époque, le port d'Honfleur ainsi que les localités de Fiquefleur et Crémanfleur appartenaient à la famille Conteville. Un autre document atteste le commerce de bois entre Honfleur et l'Angleterre. Ce document date du XIIe siècle et est aujourd'hui conservé à Londres. L'église Saint-Étienne, terminée au XVe siècle, est le l'édifice religieux le plus ancien ayant été conservé de la ville. Elle abrite aujourd'hui le musée municipal de la marine.

Une côte chargée d'histoire. Le 6 juin est fêté par les Français comme le jour de leur libération. Ce jour en l'an 1944, les Alliés débarquèrent sur les côtes de Normandie, afin de pousser l'occupant allemand hors de France, provoquant ainsi un tournant décisif de la Seconde Guerre mondiale.

Dans les temps passés, la Normandie connut des invasions fréquentes de tout type ; comme mentionné plus haut, les Romains vinrent les premiers, puis les Saxons, et enfin les Vikings. Au IXe siècle, les Bretons furent également intéressés par les terres fertiles de la région.

Pour les descendants des immigrants normands, la Normandie devenait en fin de compte aussi le point de départ de leur conquête de l'Angleterre. Guillaume le Conquérant, appelé par les Anglais William the Conqueror, ou encore William the First of England, réussit à soumettre l'Angleterre peuplée d'Angles et de Saxons. Aucun autre peuple, ni les Espagnols au XVIe siècle avec leur Grande Armada, ni les Allemands pendant la Seconde Guerre mondiale avec leurs fusées V 1 et V 2, ne put jusqu'à aujourd'hui conquérir la Grande Bretagne. Avant sa traversée vers l'Angleterre et sa victoire dans la bataille près d'Hastings en 1066, Guillaume porta encore le surnom peu flatteur

set off from here to subjugate the country which was under Anglian and Saxon rulership. No other people, not the Spanish with their large Armada, nor the Germans in WW2 with their V1 and V2 missiles were able to conquer Britain again. Before crossing to England and winning the Battle of Hastings in 1066, William was called "the bastard" since - born in 1027 - hr was an illegitimate son of Robert I "the Wonderful", fourth Duke of Nor-mandy, and Herleva, a girl from Falaise.

How the crossing of the Channel was prepared and how the Battle of Hastings took place in 1066, and all circumstances connected with this important event is precisely documented in a hand-sewn tapestry, the famous "Tapis de Reine Mathilde" in Bayeux, put together from 1067 to 1082. This longest of all single-piece tapestries, measuring 70m long and 50cm wide, with detailed descriptions in Latin, did not turn up before the year1476 in the Bayeux Cathedral, considered to be dedicated to Mathilde, William the Conqueror's wife. The charming little town of Bayeux is only 60 miles away from Honfleur and worth visiting for many reasons. The D-Day landing places and memorials are very close.

While Norsemen ruled England for some centuries (H.M. Queen Elizabeth II is a direct descendant of William the Conqueror), Normandy was connected to the French Kingdom under Philippe II in the year 1204. But there were a number of problems with successors to the throne which encouraged the English to claim rights not only for feudal tenants, but for the crown as well!

During the Hundred Years War (which lasted 116 years and was a succession of many conflicts, from 1337 and 1453), invaders from England came four times, plundering and burning a number of "enemy settlements", sending ships to the bottom... Wealthy trading-town Honfleur and its vicinities suffered hard times defending themselves against aggression. For the enemy, Honfleur was also ideal for their predatory excursions to Rouen and Paris.

London. Die im 15. Jahrhundert fertiggestellte Kirche Saint-Etienne ist das älteste erhalten gebliebene Gotteshaus in Honfleur. Sie beherbergt heute das Seefahrtmuseum der Stadt.

Eine Küste mit Geschichte. Den 6. Juni feiern die Franzosen als den Tag ihrer Befreiung. An jenem Tage im Jahre 1944 landeten die Alliierten an der Normandieküste, um die deutsche Besatzung aus dem Lande zu treiben, womit der Zweite Weltkrieg bekanntlich seine entscheidende Wendung nahm.

Invasionen jeder Art hat die Normandie in früheren Zeiten häufig erlebt; wie vorstehend erwähnt, kamen zunächst die Römer, dann die Sachsen, schließlich die Wikinger. Auch Bretonen hatten es im 9. Jahrhundert auf die fruchtbare Region abgesehen.

Für die Nachfahren der normannischen Einwanderer wurde die Normandie letztlich aber auch Ausgangspunkt für die Eroberung Englands. Wilhelm dem Eroberer, den die Briten William the Conqueror oder auch William I. of England nennen, und der im französischen den Namen Guillaume le Conquérant trägt, gelang es, das von den Angeln und Sachsen besiedelte England zu unterwerfen. Kein anderes Volk, weder die Spanier im 16. Jahrhundert mit ihrer großen Armada, noch die Deutschen während des Zweiten Weltkrieges mit V1- und V2-Raketen, konnte seither eine Eroberung Großbritanniens herbeiführen. Vor seiner Überfahrt nach England und seinem Sieg in der Schlacht bei Hastings 1066 trug Guillaume übrigens noch den wenig schmeichelhaften Beinamen „le bâtard" (dt. „der Bastard"), denn er war der 1027 geborene, uneheliche Sohn von Robert I., dem „Wundervollen", vierter Herzog der Normandie, und Herleva, einer Gemeinen aus Falaise.

Wie sich Guillaume le Conquérant auf seine legendäre Seereise vorbereitete, in welchen politischen Zusammenhängen dies stand und welche Folgen sich daraus ergaben, verdeutlicht die 1067 bis 1082 entstandene Bildergeschichte auf dem längsten Wandteppich der

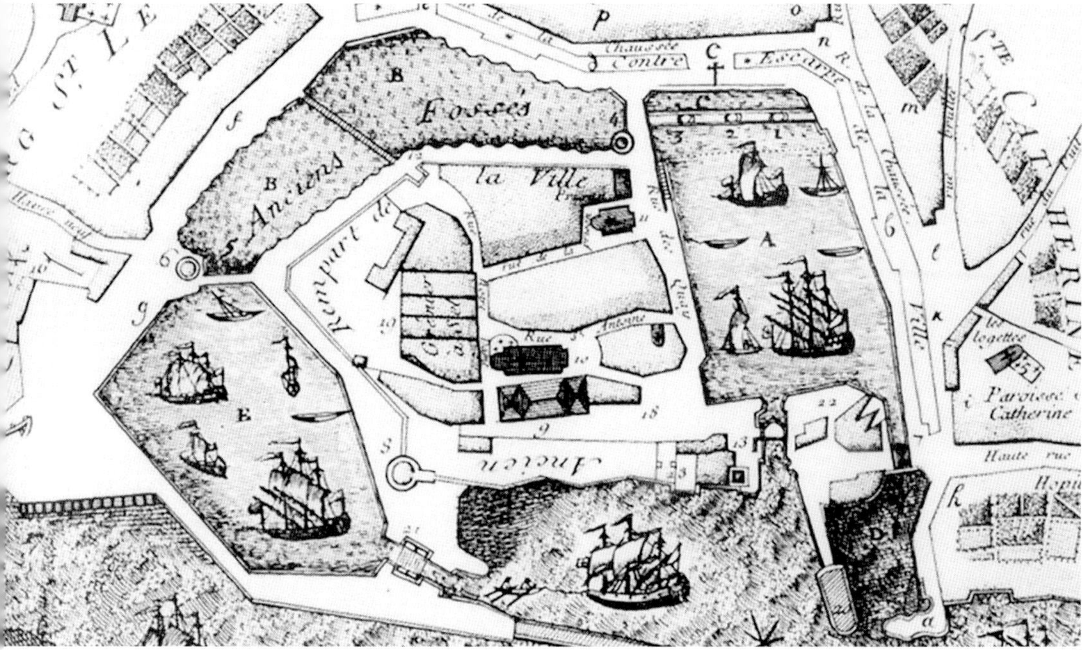

8

8 : Sur cette carte de 1720 on distingue les deux bassins portuaires ainsi que les faubourgs Saint-Léonard et Sainte-Catherine.
8: This map of ca. 1720 clearly shows the two harbour basins and the two faubourgs, Staint-Léonard and Sainte-Catherine.
8: Auf dieser Karte von ca. 1720 erkennt man die beiden Hafebecken; eingezeichnet sind auch die Faubourgs Staint-Léonard und Sainte-Catherine.

« le Bâtard », car il était le fils illégitime, né en 1027, de Robert Ier, le Magnifique, quatrième duc de Normandie, et Herleva, une habitante de Falaise.

Comment Guillaume le Conquérant se prépara à sa traversée légendaire, dans quel contexte politique elle se fit et quelles conséquences elle eut, tout cela est illustré par un récit en images crée entre 1067 et 1082, confectionné sous forme de la plus longue broderie murale du monde : la tapisserie de Bayeux. Egalement appelée « Tapisserie de la Reine Mathilde », cette broderie longue de 70 mètres sur 50 cm de largeur n'est réapparue qu'en

It was King Charles V who finally gave the order to fortify the harbour, and with the help of his field marshal Bertrand du Guesclin, a Briton, he succeeded in chasing the English out of the country. Honfleur got a wide wall around the town, with a square shaped tower at one end and - some time later - a round one at the other, both flanking the port entrance and each equipped with heavy cannons at the top.

This type of fortification did not help very much: The English came back, always for good political reasons in their opinion; they brought major parts of Normandy under their control. This occupation turned out to be of the longest duration yet and lasted from 1419 to 1456.

After that, Honfleur has not been victim to destructive attacks anymore. Invaders, however, came again and again. So in 1815, when Prussian troops, who had helped to beat Napoleon at Waterloo, straggered way down to Normandy, and in the beginning of 1871,

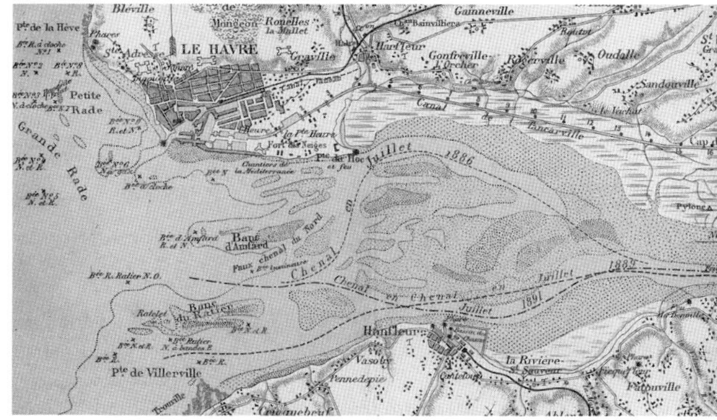

9

10

9 : Honfleur à l'embouchure de la Seine vers 1880.
9: Honfleur at the Seine estuary in 1880.
9: Honfleur an der Seinemündung um 1880.

10 : En 2009, la ville changera d'apparence quand le vieux Bassin du Centre sera remis en service.
10: The town will change its appearance in 2009 when the Bassin du Centre will be re-opened.
10: Im Jahre 2009 wird die Stadt eine zusätzliche Facette erhalten, wenn das alte Bassin du Centre wieder in Betrieb genommen wird.

Welt, zu besichtigen in Bayeux. Die in Frankreich auch „Tapisserie de la Reine Mathilde" genannte, 70 Meter lange und 50 Zentimeter breite Stickereiarbeit tauchte erst 1476 in den Inventaren der Kathedrale der Stadt wieder auf. Man nimmt an, daß sie Mathilde, der Gemahlin Wilhelm des Eroberers, gewidmet war.

1476 lors d'un inventaire de la cathédrale de Bayeux. En premier lieu, on supposa qu'elle était dédiée à Mathilde, l'épouse de Guillaume le Conquérant. Bayeux se trouve à 95 kilomètres d'Honfleur et vaut une visite pour beaucoup d'autres raisons encore.

Alors que le règne des Normands en Angleterre devait perdurer pendant des siècles (même la reine Elizabeth II est encore une descendante directe de Guillaume le Conquérant), la Normandie, elle, fut annexée dès 1204 au royaume de France par Philippe Auguste. Mais des problèmes de succession au trône chez les Capétiens français devaient bientôt faire ressurgir les prétentions de la maison royale anglaise sur la France - et cette fois-ci, il ne s'agissait pas seulement de quelque fief, mais de la couronne de France !

Pendant la guerre de Cent ans (de 1337 à 1453, en réalité donc 116 ans), Honfleur fut attaquée, pillée et incendiée par des conquérants anglais pas moins de quatre fois... En raison de son emplacement stratégique à l'embouchure de la Seine, Honfleur était pour l'ennemi un point de départ idéal pour des chevauchées en direction de Rouen et Paris.

Le roi de France Charles V ordonna finalement la fortification du port, afin de verrouiller la Seine. Personnellement opposé à

Honfleur was occupied for some weeks by Prussian soldiers again. In 1940, finally, the German Wehrmacht come to Honfleur, staying four years until the British and their Allies, approaching from the sea, forced the troops to withdraw.

Maritime history of Honfleur. Today, the port of Honfleur consists of four main sections: The Port de Pêche (reserved for fishing vessels) situated parallel to the Hotel de Ville (Town Hall); the Port de Commerce (for inland and coastal freighters) with its three docks (constructed in 1840, being independent from tides by a lock built in 1994); the Port Maritime-Fluval (Seine port, also for freight ships and large pleasure cruisers), and the world-famous Vieux Bassin, the yacht harbour.

What we enjoy as the romantic centre of old Honfleur with slender, picturesque houses facing the quay sides originates from the late 16th, early 17th century. In 1598, the city walls were demolished, following an order by Henry IV. In 1630, the territory which is Quai Sainte-Catherine today was split up in 25 feet wide plots and sold individually.

Between 1670 and 1699, three municipal salt depots in the Grand Rue (Rue de la Ville today) were built, using the stones from the

Bayeux liegt 95 km von Honfleur entfernt und lohnt auch aus vielen anderen Gründen einen Besuch.

Während die Herrschaft der Normannen über England noch über Jahrhunderte fortwähren sollte - selbst Queen Elizabeth II. ist eine direkte Nachfahrin von Wilhelm dem Eroberer - wurde die Normandie bereits 1204 unter Philipp II. an das französische Königreich annektiert. Thronfolgeprobleme bei den französischen Kapetingern sollten jedoch schon bald das englische Königshaus neue Ansprüche auf Frankreich erheben lassen - und es ging nicht etwa nur um Lehensgebiete, sondern um die französische Krone!

Während des Hundertjährigen Krieges (1337 bis 1453, in Wirklichkeit also 116 Jahre) wurde Honfleur nicht weniger als viermal von englischen Eroberern überfallen, ausgeplündert, angezündet... Für den Feind bot Honfleur wegen seiner strategisch wichtigen Lage an der Seinemündung einen idealen Ausgangspunkt für Raubzüge Richtung Rouen und Paris.

Der französische König Karl V. ordnete schließlich die Befestigung des Hafens an, um die Seine zu verriegeln. Persönlich allen kriegerischen Handlungen abgeneigt, fand Karl in dem Bretonen Bertrand du Guesclin einen Feldmarschall, der für Frankreich feste zuschlug,

11

12

11 : Le port vers 1911 (avec le vapeur vers Le Havre).
11: A harbour view (with the paddle-wheel steamer for Le Havre) from 1911.
11: Der Hafen um 1911 (mit dem Schaufelraddampfer nach Le Havre).

12 : Le Quai des Passagers en 1912.
12: Quai des Passagers in 1912.
12: Der Quai des Passagers 1912.

toute action militaire, Charles trouva en Bertrand du Guesclin un maréchal qui combattit pour la France là où elle en avait le plus grand besoin - ainsi Bertrand réussit à reprendre aux Anglais toutes leurs possessions en France. Sur ordre du roi, Honfleur fut donc muni d'un beau mur d'enceinte ; l'on construisit en premier une tour carrée, plus tard une autre tour, ronde, avec quelques canons pointés vers la mer. Ce qui ne servit pas à grand-chose : Les Anglais revinrent et occupèrent Honfleur ainsi que d'autres parties de Normandie pendant une période particulièrement longue cette fois-ci - de 1419 à 1456.

Après cela, Honfleur ne fut plus brûlée, mais des envahisseurs revinrent encore et encore, maintenant non plus par la mer, mais par terre, depuis l'Allemagne. En 1815, une partie des troupes prussiennes qui ont combattu Napoléon à Waterloo s'avancèrent jusqu'en Normandie. Au début de l'année 1871 Honfleur fut occupée durant quelques semaines par des soldats prussiens. Enfin, en 1940 arrivèrent les soldats de la Wehrmacht. Ils furent chassés seulement quatre années plus tard - par des Anglo-Saxons venus par la mer…

Histoire maritime de la ville. Les installations portuaires d'Honfleur englobent aujourd'hui quatre secteurs : le port de pêche, parallèle à la mairie, le port de commerce avec ses trois docks (construit en 1840 et depuis 1994 protégé des marées par une écluse), le port fluvial pour les navires cargo et, finalement, le port de plaisance : le Vieux Bassin. L'image actuelle du Vieux Bassin, avec les maisons pittoresques le long de ses quais, apparut à la fin du XVIe siècle : en 1598, les murs d'enceinte de la ville furent démolies sur ordre de Henri IV. En 1630, les nouvelles terres constructibles ainsi créées le long de l'actuel quai Sainte-Catherine furent découpées en des parcelles de 8,25 mètres de large et vendues séparément. Entre 1670 et 1699, trois grands greniers à sel furent construits. Le matériau de construction était en partie composé des pier-

city wall. Salt was not only necessary to keep the fish fresh, but was also a valuable trade merchandise. These "greniers à sel" are among the largest and oldest in Normandy; to-day two still exist and serve as exhibition and concert halls.

One must not forget the fleet of historic fishing cutters which have survived and also belong to Honfleur's naval heritage. They are called "les vieux gréements" and include the Marie-Madeleine, the barque Dehel, the crab-fisher Sainte-Bernadette with her maroon sails, but also the sloop Roche Bleue, the racer China, the Fides, the Garmouth and the Rose de Savannah. Privately owned veterans of the sea are good company to those in the Vieux Bassin. On the last Sunday in August when the annual Ships' Parade attracts spectators from all over the country, they add a special touch of nostalgia to Honfleur's charming centre.

Le Vieux Bassin. Until the 1990s, Honfleur's present yacht harbour served as a fishing port too, at least for smaller craft. Facing increasing maritime tourism, the Vieux Bassin was declared as a "Port de Plaisance" exclusively. The diminishing fishing fleet still finds ample space outside at the "port de pêche".

In mediaeval times, the nucleus of Honfleur village was an artificial island. The Vieux Bassin, the first and oldest harbour to be built, was later called the west harbour ("Port de l'Ouest"), while in 1790 a second basin, "the east harbour" was built serving as an additional port for Honfleur's fast growing merchant fleet of those days. Both harbours were connected by a channel behind the city walls.

Late in the 19th century this second harbour was not needed any more, and it became unnavigable due to sand washing in on every tide. During the German occupation of 1940-1944 the Vieux Bassin would contain more sand, mud and slime than water, a process not without purpose: it might keep rival vessels out that might invade. In 1946, the eastern basin was completely filled up to

wo es nötig war - und so nahm denn Bertrand den Engländern alle ihre Besitzungen in Frankreich wieder ab. Auf Geheiß des Königs wurde Honfleur also von einer ordentlichen Mauer umgeben; man errichtete erst einen quadratischen, später noch einen runden Wehrturm, mit einigen zum Meer gerichteten Kanonen bestückt. Was allerdings nicht viel nützte: Die Engländer kamen wieder und besetzten Honfleur sowie weitere Teile der Normandie diesmal besonders lange - von 1419 bis 1456.

Niedergebrannt wurde Honfleur danach nicht mehr, Besatzer kamen aber immer wieder, diesmal über den Landweg aus Deutschland. 1815 zog es einen Teil der preußischen Truppen, die Napoleon in Waterloo geschlagen hatten, bis in die Normandie. Anfang 1871 wurde Honfleur einige Wochen lang von preußischen Soldaten besetzt. Schließlich kamen 1940 die Wehrmachtsoldaten. Erst vier Jahre später wurden sie wieder vertrieben - von Angelsachsen, die über das Meer kamen…

Maritime Stadtgeschichte. Honfleurs Hafenanlagen umfassen heute vier Bereiche: den Port de Pêche (Fischereihafen), längs zum Rathaus verlaufend, den Port de Commerce (Handelshafen) mit seinen drei Docks (angelegt im Jahre 1840, seit 1994 durch eine Schleuse von den Gezeiten unabhängig geworden), den Port Maritime-Fluvial (Flußhafen) für Frachter, und schließlich den Yachthafen, das Vieux Bassin.

So, wie sich das Bild des Vieux Bassin mit den pittoresken Häusern an seinen Quais heute darstellt, entstand es an der Wende zum 17. Jahrhundert: 1598 werden die Stadtmauern auf Befehl von Heinrich IV. niedergerissen. Im Jahre 1630 wurde das so neu entstandene Bauland am heutigen Quai Sainte-Catherine in 8,25 m breite Parcellen unterteilt und einzeln verkauft. Zwischen 1670 und 1699 wurden zudem drei große Salzspeicher gebaut. Als Baumaterial benutzte man die Steine der abgebrochenen Stadtmauern. Der Aufwand war groß, aber lohnend: Salz war damals sehr wertvoll, sowohl als Handelsware

res issues des murs d'enceinte déconstruits. L'investissement était grand, mais il en valait la peine : à cette époque, le sel avait une très grande valeur, en tant que marchandise, mais également pour la conservation des prises de pêche. Les greniers à sel étaient à l'époque parmi les plus grands de Normandie ; aujourd'hui, il n'en existe plus que deux, servant à des expositions ou des concerts.

Parmi l'héritage historique maritime de la ville figurent également un grand nombre de fiers voiliers, les « les vieux gréements », tels que Marie Madeleine, la barque Dehel, le crevettier Sainte Bernadette avec sa toile rouge, la Roche Bleue, le bateau régate China, le Fides, le Garmouth, la Rose de Savannah. Des bateaux de collection anciens, privés, leur tiennent compagnie et contribuent au scénario portuaire d'Honfleur. Le dernier dimanche d'août, ils forment le cœur du défilé annuel de bateaux.

Le Vieux Bassin. L'actuelle marina d'Honfleur servait il y a encore douze ans également à l'amarrage des bateaux de pêche. Le tourisme maritime grandissant, le Vieux Bassin a été déclaré « port de plaisance » ; en devenant de plus en plus petite ces dernières années, la flotte de pêche doit désormais se contenter des quais du « port de pêche ».

Au Moyen Âge, le centre de la petite ville d'Honfleur, l'Enclos, était une île. Le Vieux Bassin, qui est le premier et le plus ancien des bassins portuaires, fut plus tard appelé « port de l'ouest », et le « port de l'est », créé en 1790 par l'aménagement d'un bras secondaire de la Seine, devait servir, en tant que port de commerce supplémentaire, au transit de marchandises. Les deux bassins étaient reliés entre eux par un bras d'eau courbe pourvu de deux écluses.

Le deuxième bassin ne servant plus, il s'ensabla peu à peu au fil des marées et fut remblayé en 1946, avant de devenir un espace vert, puis un parking : le parking du Bassin du Centre. L'ensablement, également du Vieux

street level and later made into a car park. Following the path of the old water arm behind the city wall we will find today the Rue Mautpensier and the Quai Lepaulmier, which was a quay indeed as was the Quai de la Tour which bears the same name today ("tour" means tower - here stood the square one).

In 2005 the City Council decided to reconstruct the Eastern Harbour close to its original form as a second yacht harbour. A marina is planned to be opened in 2009, with all kinds of catering facilities for yachtsmen, with shops, cafés and bistrots. The "Recreusement" project is meant to make Honfleur even more attractive for both yacht people and land-lubbers.

The three oldest town quarters, called "faubourgs" are the Enclos (ancient centre) with St.-Etienne, the salt depot and the town hall; Ste.-Catherine and St.-Léonard and the oldest quays are those which flank the Vieux Bassin, called Quai Ste.-Catherine und Quai St.-Etienne, named after the nearby churches.

Through the back door. The old houses with their timberwork and greyish-blue slate facades and the colourful canopies over cafés, shops and restaurants, are architectural delights. These buildings are not only narrow but also of shallow depth, When they were built, water level (at high tide) reached up to the ground floor giving shelter to small boats. When the water arm behind the city wall was filled up and the wall itself torn down, with its material partially used for the purpose, the first floors of the rear of the house became the ground floors. So the houses have two levels, in most cases not connected. As a result, the premises at the Quai Sainte-Catherine are not the same properties as those at the Rue du Dauphin above them, and the owners are not necessarily the same.

A similar scheme applies to a number of buildings in Honfleur's suburbs called the "faubourgs" (and in other Normandy places as well). Ground floor dwellings, facing the street and featuring a front entrance, may be one

als auch für die Konservierung des Fischfangs. Die „greniers à sel" gehörten zu dieser Zeit zu den größten in der Normandie; heute sind es nur noch zwei und dienen als Ausstellungs- und Konzertgebäude.

Zum maritim-historisch bedeutsamen Erbe der Stadt zählen auch eine Anzahl stolzer Segelschiffe, „les vieux gréements" genannt, wie die Marie-Madeleine, die Bark Dehel, der Krabbenfischer Sainte-Bernadette mit seinem roten Tuch, die Roche Bleue, das Regattaboot China, die Fides, die Garmouth und die Rose de Savannah - allesamt Eigentum der Stadt Honfleur. Ihnen leisten private Oldtimer des Meeres Gesellschaft, die das Hafenszenario Honfleurs mitprägen. Am letzten Sonntag im August bilden sie den Mittelpunkt der jährlichen Schiffsparade.

Le Vieux Bassin. Der jetzige Yachthafen Honfleurs diente bis vor zwölf Jahren auch den Fischerbooten als Liegeplatz. Mit zunehmendem Maritim-Tourismus wurde das Vieux Bassin zum „port de plaisance" erklärt; die in den vergangenen Jahren immer kleiner gewordene Fischereiflotte begnügt sich inzwischen mit den Piers am „port de pêche".

Im Mittelalter war der Kern (l'Enclos) des Städtchens Honfleur eine Insel. Das Vieux Bassin, das erste und älteste Hafenbecken, wurde später Westhafen („port de l'ouest") genannt, und der Osthafen, 1790 durch den Ausbau eines Seine-Seitenarms entstanden, sollte als zusätzlicher Handelshafen für den Güterumschlag dienen. Beide Hafenbecken verband ein bogenförmiger und mit zwei Schleusen versehener Wasserarm.

Das zweite - nicht mehr benötigte und durch die Gezeiten allmählich versandete - Hafenbekken wurde 1946 wieder zugeschüttet und war anschließend eine Grünfläche, dann Parkplatz: Parking du Bassin du Centre. Das Versanden auch des Vieux Bassin geschah übrigens nicht unabsichtlich; während ihrer Besatzung 1940-44 wollten die Deutschen damit verhindern, daß die Hafenbecken vom Gegner zu strategischen Zwecken verwendet werden konnten.

13

14

15

16

13 : Station de bus à Honfleur en 1913. 14 : Le clocher de Sainte-Catherine, 1954. 15 : Le marché sur la place de l'Obélisque, 1913. 16 : La rue de la République en 1921.

13: The bus station, 1913. 14: Sainte-Catherine bell tower, 1954. 15: Market day on the Place de l'Obelisque, 1913. 16: Rue de la République, 1921.

13: Busstation in Honfleur 1913. 14: Glockenturm Sainte-Catherine, 1954. 15: Markt auf dem Place de l'Obelisque, 1913. 16: Rue de la République 1921.

Bassin, ne se produisit d'ailleurs pas de manière involontaire : pendant l'Occupation de 1940-1944, les Allemands tentèrent ainsi d'empêcher que les bassins portuaires puissent servir à l'ennemi à des fins stratégiques.

A l'emplacement de l'ancien bras d'eau se trouvent aujourd'hui la rue Mautpensier et le quai Lepaulmier, lequel à cette époque, était réellement un quai, tel que le quai de la Tour, parallèle au parking construit par la suite. En 2005, il a été décidé de redonner au Bassin du Centre sa fonction historique de port, en l'aménageant en marina offrant des commodités impossibles à mettre en place au Vieux Bassin. Ce projet du « recreusement » a pour but de faire d'Honfleur un port d'escale encore plus important, avec des magasins attractifs, des restaurants supplémentaires et des équipements de tous types.

Les trois quartiers les plus anciens sont donc « l'Enclos » ainsi que les faubourgs «Sainte-Catherine » et « Saint-Léonard », et les quais les plus anciens sont ceux qui avoisinent le Vieux Bassin : le quai Sainte-Catherine et le quai Saint-Étienne. Tous les deux portent le nom des églises construites dans les différents faubourgs.

thing - the rest of the house another. Getting to the rear entrance for the upper storeys, one has to pass through a passage as deep as the house, Some may have a wider passage, even enabling a motorcar to pass: those were the properties of wealthy families owning coaches, or farmers with horse-drawn vehicles, and there you will find stables in the back yards (now garages, of course). Alongside the passage walls today various utilities are stowed for electricity, water and gas.

Ste.-Catherine and the Lieutenance. Two of the most remarkable buildings in Honfleur are the Church of Ste.-Catherine with its separate bell tower and the Lieutenance. The church, measuring 52m in length and 23min width and being of timber construction, is unique in Normandy, built in the second half in the 15th century on a spot where a smaller church had been erected 200 years earlier. The church features two naves lined by rows of thick oak pillars supporting the two wooden vaulted roofs. Not only was timber the cheapest material available in those days but it was the material that the ship's carpenters could handle perfectly, since they were the

Dort, wo sich der alte Wasserarm befand, verlaufen heute die Rue Mautpensier und der Quai Lepaulmier, der damals tatsächlich ein Kai war, wie auch der Quai de la Tour, parallel zum späteren Parkplatz verlaufend. 2005 wurde beschlossen, das Bassin du Centre nach historischem Vorbild wieder als Hafen zu rekonstruieren, als eine Marina mit Facilitäten, die sich im Vieux Bassin nicht einrichten lassen. Das Projekt des „Recreusement“ soll Honfleur zu einem noch bedeutenderen Anlaufhafen machen, mit attraktiven Geschäften und Einrichtungen aller Art.

Die drei ältesten Stadtteile stellen also das Enclos sowie die Faubourgs Sainte-Catherine und Saint-Léonard dar, und die ältesten Kais sind jene beiden, die das Vieux Bassin flankieren: Quai Sainte-Catherine und Quai Saint Etienne. Beide tragen die Namen der in den Faubourgs errichteten Kirchen.

Durch die Hintertür. Die alten Häuser mit ihrem Fachwerk, den schmalen Schieferfassaden und farbenfrohen Markisen am Quai Sainte-Catherine stellen eine architektonische Besonderheit dar. Sie stehen an einem Hang, und die Läden, Bistrots und Restaurants wei-

17

18

17 : Une Chenard-Walcker de 1952 dans la rue des Logettes. En arrière plan, la fameuse phar-macie d'Alphonse Allais. 17: A 1952 Chenard-Walcker saloon parking in the Rue des Logettes. In the bakkground Alphonse Allais' famous pharmacy. 17: Ein 1952er Chenard-Walcker in der Rue des Logettes. Im Hintergrund Alphonse Allais berühmte Apotheke.

18 : Le quai de Quarantaine, 1955. 18: Quai de Quarantaine, 1955. 18: Quai de Quarantaine, 1955.

Par la porte arrière. Les vieilles maisons à pans de bois, les façades étroites recouvertes d'ardoises et les stores colorés sur le Quai Sainte-Catherine sont une particularité architecturale. Elles sont construites sur une pente, et les magasins, bistrots et restaurants sont profonds de seulement quelques mètres. Au moment de la construction de ces maisons, le niveau de l'eau, qui à cette époque n'était pas encore régulé par une écluse, arrivait presque aux murs des maisons et les bateaux de pêche plus petits se logeaient entre leurs fondations.

Après avoir comblé le fossé au niveau des façades arrières, leur premier étage et plus au sud également le second devenait rez-de-chaussée. Le partage des biens immobiliers était alors coutumier : la partie basse quai Sainte-Catherine et la partie haute rue du Dauphin appartenaient à deux propriétaires différents. Rarement une maison n'avait qu'un seul propriétaire. Ceci est d'ailleurs toujours le cas de nombreuses maisons historiques dans la vieille ville (et pas seulement à Honfleur) : l'accès à l'appartement du rez-de-chaussée se trouve sur la façade et celui aux étages supérieurs, sur l'arrière. On y accède par un couloir dont la longueur correspond à la profondeur de la maison. Dans le cas où une autre maison se trouve a l'arrière, sans accès direct à la rue, le passage sert non seulement d'entrée, mais reçoit également toute la tuyauterie, le compteur électrique et à gaz ainsi que, souvent, la boîte aux lettres. Le passage est rarement assez large pour une voiture ; à l'arrière de ces maisons se situe généralement une cour assez grande bordée d'étables et d'entrepôts.

Sainte-Catherine et la Lieutenance. Deux des édifices les plus marquants d'Honfleur sont probablement l'eglise Sainte-Catherine avec son clocher séparé, et la Lieutenance. Longue de 52 mètres et large de 23 mètres, l'église en grande partie construite en bois, est unique en Normandie. Elle a été bâtie durant la seconde moitié du XVe siècle à la place d'une église plus petite, construite 200 ans

craftsmen in charge when the dock yards could spare them when business was slow after the Hundred Years War. However, the techniques were quite different in comparison to ship building, even though the naves look like ship hulls upside-down. The foundations consist of heavy stones.

Not more than 50 metres below Ste.-Catherine church La Lieutenance is the next historical monument with a gate big enough for horse-carts. This had been the Porte de Caen, a city gate, and the Rue Haute leading onto the main road to Normandy's capital, flanked by shops and craftmen's premises, inns and taverns. Even during war times this was a busy and thriving location. The designation "La Lieutenance" originates from the fact that the Governor's deputy, ranking as a Lieutenant officer in the early 17th century, had his headquarter in this little fortress (some of them even lived there) which had lost its defensive purpose. He was responsible for all goings-on in Honfleur, in particular port affairs. At night, he had to ensure that a chain was put at high tide water level across the harbour entrance to prevent unwelcome ships from entering.

In 1808 the remaining city walls were demolished, including the square and round defence towers, the stone material was used for other purposes. While houses were still timber-constructed (the forests of the area still delivered ample supply), the plentiful square-trimmed stones were taken to build a long jetty to protect the harbour further to the west, serving also as docks for larger ships.

Honfleur and its deep-sea fleet. Many seafarers, some of whom became well known, started their voyages in the 16th and 17th centuries from Honfleur, crossing the Atlantic ocean like Spanish, British and Dutch contemporaries for trading as well as scientific exploration purposes; some settled in Canada, on Caribbean islands and in Brazil. Their ships were two- or three-masted up to 300 tons capacity. A count held in 1664 resulted

sen eine Raumtiefe von wenigen Metern auf. Als die Häuser gebaut wurden, reichte der noch durch keine Schleuse regulierte Wasserspiegel des Hafens fast bis an die Hausmauern, und zwischen ihren Fundamenten lagen die kleineren Fischerboote.

Nachdem der Graben auf der anderen Seite zugeschüttet worden war, wurde aus der ersten Etage der Häuserzeile - weiter nach Süden hin sogar aus der zweiten - das Erdgeschoß der rückwärtigen Partie. Und die sich daraus ergebende Aufteilung des Hausbesitzes - unten: Quai Sainte-Catherine, oben: Rue du Dauphin - hatte Tradition. In nur wenigen Fällen gehörte das ganze Haus ein und demselben Besitzer. Dies ist übrigens auch bei zahlreichen anderen historischen Häusern in der Altstadt (und keineswegs nur in Honfleur) der Fall: Der Zugang zur Erdgeschoßwohnung liegt an der Frontseite, zu den oberen Geschossen gelangt man von der Rückseite des Hauses aus über einen separaten Eingang. Dorthin kommt man nur durch einen Gang, dessen Länge der Haustiefe entspricht. Befindet sich hinter dem Gebäude ein weiteres ohne direkten Straßenzugang, so dient die Passage - in welcher auch Rohrleitungen verlegt, der Strom- und der Gaszähler sowie meist der Briefkasten installiert sind - auch als Entrée.

Sainte-Catherine und Lieutenance. Zwei der markantesten Bauwerke in Honfleur sind wohl die Kirche Sainte-Catherine mit ihrem separaten Glockenturm und die Lieutenance. Die 52 m lange und 23 m breite Kirche, weitgehend ein Holzbau, ist in der Normandie einzigartig. Die Kirche wurde in der zweiten Hälfte des 15. Jahrhunderts an der Stelle einer kleineren Kirche errichtet, die es schon 200 Jahre zuvor gab. Ihre beiden Schiffe sind von Säulen aus Eichenstämmen gesäumt, die das Schiffsrümpfen gleichende Holzgewölbe des Doppelschiffs und das steile Dach tragen. Nach den Wirren des Hundertjährigen Krieges gab es in Honfleur zahlreiche Zimmerleute, die für den Wiederaufbau der kriegsversehrten

19

20

19 : Le quai des passagers, 1939. 20 : Une carte postale du début des années 1920.

19: Quai des Passagers, 1939. 20: A post card from the early twenties.

19: Quai des Passagers, 1939. 20: Postkarte aus den frühen 20er Jahren.

auparavant. Ses deux nefs sont flanquées de colonnes en chêne qui supportent la charpente naviforme en bois de la double nef et le toit pointu. Après les troubles de la guerre de Cent ans, il y avait de nombreux charpentiers à Honfleur, employés pour la reconstruction de la ville. C'est également à eux que l'on s'adressa pour la construction de l'église. La technique de travail du chêne se différencie sensiblement de celle utilisée par les charpentiers de bateaux - même si la voûte en bois de l'église ressemble effectivement à la coque retournée d'un navire. Seules les fondations de l'église sont en pierre ; le remplissage des colombages est constitué de briques en terre cuite.

A 50 mètres en aval de l'église Sainte-Catherine se trouve la Lieutenance. Autrefois appelée porte de Caen et intégrée au mur d'enceinte, elle avait la fonction d'une porte de ville dont la largeur permettait même à des charrettes plus larges de passer. Au-delà de la porte s'étend aujourd'hui la rue Haute, la principale rue en direction de l'ouest et vers Caen. A cette époque déjà, les deux bords de la rue étaient un bon emplacement pour des magasins, des maisons marchandes et des auberges, même s'ls étaient de fait « extra muros », hors des murs de la ville. Le nom de « Lieutenance » fut donné à cette forteresse miniature au début du XVIIe siècle, lorsque les murs d'enceinte avaient été démontés et que la porte de

in 48 big square-riggers totalling 5315 tons registered in Honfleur, and in 1789 their number had increased to 98 ships totalling 9670 tons. Among the many, Samuel de Champlain is one of the most famous Honfleur captains. He is said to be the founder of Quebec in 1608, and he stayed in that Franco-Canadian trading post for half of his life.

During the summer 1820, the first paddle-wheel steam boat entered service, the "Triton", which was the very first express ferry between Honfleur and Le Havre. Late in 1828 there were already four of them. Those who would not trust modern technology could still reach Le Havre (a place that offered well-paied jobs) under sail for half-fare.

There is always a reason for celebrating...

On 1st of May, restaurant owners and innkeepers facing Quai Ste.-Catherine hasten to put tables, chairs and parasols on the street, right down to the water front. From now on to mid-October, motorcars are banned from this section. Little girls offer lilies of the valley for sale, artists put up their easels - springtime, without doubt, has come to Honfleur. A reason for celebration!

Stadt beschäftigt wurden. Sie waren es dann auch, die mit dem Aufbau der Kirche beauftragt wurden. Ihre Technik der Holzverarbeitung unterscheidet sich maßgebend von jener der Schiffszimmerleute - auch wenn das Dachgewölbe der Kirche tatsächlich aussieht, als sei es ein umgedrehter Schiffsrumpf.

Gut fünfzig Meter unterhalb der Kirche Sainte-Catherine befindet sich La Lieutenance. Ehemals Porte de Caen genannt und in die Stadtmauer integriert, hatte sie die Funktion eines Stadttores, dessen Breite auf größere Fuhrwerke ausgelegt war. Jenseits des Tores erstreckt sich heute die Rue Haute, die Ausfallstraße nach Westen und nach Caen. Beide Straßenseiten waren schon damals ein guter Platz für Geschäfte, Handelshäuser und Herbergen, auch wenn sie sich „extra muros" - außerhalb der Stadtmauern - befanden. Die Bezeichnung La Lieutenance erhielt die Miniaturfestung im frühen 17. Jahrhundert, als die Stadtmauern abgerissen wurden, und somit das Stadttor seine defensive Funktion verlor. Denn nun wurde das Gebäude Amtssitz des Statthalters (Lieutenant) des Königs, und zeitweilig auch dessen Wohnsitz. Der Lieutenant vertrat die Interessen des Königs innerhalb

ville avait perdu sa fonction défensive. Désormais, ce bâtiment servit de siège, et pendant un temps aussi en tant que résidence, au lieutenant du roi en la ville d'Honfleur. Le lieutenant représentait les intérêts du roi au sein de la ville et il avait la responsabilité du commerce maritime. La nuit par exemple, une chaîne était tendue en travers de l'entrée du port afin d'empêcher l'accostage de bateaux étrangers. Lorsqu'en 1808 les restes des remparts d'Honfleur ainsi que les deux tours défensives furent éliminées, l'on conserva les pierres comme matériau de construction. Les maisons étaient encore, en grande partie, construites en bois (les réserves des forêts de l'arrière-pays étaient loin d'être épuisées) ; les pierres apportées laborieusement 350 ans plus tôt servaient la plupart du temps à la construction de nouvelles berges.

Honfleur et sa flotte de haute mer. Durant les XVIe et XVIIe siècles, un grand nombre de marins partaient d'Honfleur pour traverser l'Atlantique et faire des affaires en Amérique à l'image des Anglais, des Espagnols et des Hollandais. Ils étaient les fondateurs de colonies allant du Canada jusqu'au Brésil. Ils naviguaient sur des deux- ou trois-mâts allant jusqu'à 300 tonnes. En 1664, on comptait 48 marins honfleurais pour un tonnage global de 3515 tonnes. En 1789, ils étaient même 98 voiliers pour 9670 tonnes. Les Honfleurais sont particulièrement fiers du navigateur Samuel de Champlain, fondateur de la ville de Québec au Canada. La fondation de la colonie de commerce franco-canadienne de Québec date de 1608.

Le premier bateau à vapeur a pris son service entre Honfleur et Le Havre durant l'été 1820 ; fin 1828 on comptait déjà quatre de ces bateaux. Celui qui préférait faire la traversée à bord d'un bateau à voile (Le Havre offrait du travail bien payé) payait moitié moins cher.

Toujours une raison pour faire la fête... Le 1er mai, les restaurants et les cafés installent leurs tables, chaises et parasols jusque sur le quai Sainte-Catherine : jusqu'en octobre, le

However, a special day occurs on Whit Monday when the "Fête des Marins", the mariners' festival is organized. Honfleur looks back to 1871 for its origins, when the Sea Rescue Society of the community inaugurated a special thanksgiving ceremony on top of Mont-Joli, overlooking the town, at the Chapel of Notre-Dame-de-Grâce to be held on every Whit Monday. Already as early as 1066 a chapel stood at the same spot (in which William the Conqueror spoke his last prayer before leaving for England, so the story goes).

The childrens' pilgrimage. Whit Monday developed into a bright festival with all kinds of entertainment. An armada of showmen, merry-go-rounds and shooting galleries entice Honfleur folks, young and old, up the hill from where one can enjoy splendid views over the town. However, the Mont-Joli fairground is only one of the events. In the morning, hundreds of children, clad in sailors uniforms, start from the salt depot on a pilgrimage to the hilltop chapel. On wooden racks they carry miniature ship models, some of them so big that eight hands are needed to cart - because infants from 1 to 3 years sit in the in the boats! Hundreds of followers and several bands accompany the procession.

Before the big Plague, spreading all over Europe, reached Honfleur in 1349, another fun fair was common in this town, taking place in December around church Ste.-Catherine - the Sainte Catherine Festival. Merchants, clowns, fortune-tellers, tumblers, charlatans and candy confectioners curried favour with the people not only drawing their attention but also the money out of their pockets. It was a fortnight packed with excitements, some rather obscure, unfortunately on top of the graves surrounding the church...

Certainly, the 14th of July, being the National Holiday in France, is as important to and in Honfleur as any other French town, big or small, with patriotic parades and speeches, gun-salutes, fireworks and dancing. But also

der Stadt und ihm oblag die Verantwortung über den Hafenverkehr. So wurde zum Beispiel zur Nachtzeit stets eine Kette quer über die Hafeneinfahrt gespannt, um die Annäherung fremder Schiffe zu verhindern.

Als man im Jahre 1808 die Reste der Stadtmauer Honfleurs und auch die beiden übrig gebliebenen Verteidigungstürme abtrug, wurden die Steine als Baumaterial „recycelt". Häuser wurden weiterhin überwiegend aus Holz gebaut (die Wälder des Hinterlandes waren noch längst nicht abgeholzt); das vor 350 Jahren mühsam herbeigeschaffte, teils flächig behauene Steinmaterial wurde meist für neue Uferbefestigungen verwendet.

Honfleur und seine Hochseeflotte. Im 16. und 17. Jahrhundert starteten von Honfleur zahlreiche Seefahrer zu Reisen über den Atlantik, um wie die Spanier, Briten und Holländer ins Amerika-Geschäft zu kommen. Sie gründeten Siedlungen von Kanada bis hinunter nach Brasilien, ihre Schiffe waren Zwei- und Dreimaster bis zu 300 t Größe. Eine Zählung im Jahre 1664 ergab die Zahl von 48 in Honfleur beheimateten Großseglern mit einer Gesamttonnage von 3515 Tonnen, 1789 waren es sogar 98 Schiffe mit 9670 Tonnen. Auf den Seefahrer Samuel de Champlain, Gründer der Stadt Quebec in Kanada, sind die Honfleurianer besonders stolz.

Im Sommer des Jahres 1820 nahm der erste Schaufelraddampfer, die „Triton", den Fährdienst zwischen Honfleur und Le Havre auf; Ende 1828 waren es schon vier solcher Schiffe. Wer nach wie vor an Bord einer Segelpinasse hinüber wollte (in Le Havre gab es gute Arbeit), zahlte jedoch nur halb so viel wie für die Dampfschiffpassage.

Immer ein Grund zu feiern... Am 1. Mai stellen die Restaurants und Cafés am Quai Ste.-Catherine ihre Tische, Stühle und Sonnenschirme bis zur Kaimauer auf: Jetzt ist bis Oktober der attraktivste Boulevard der Stadt für Autos tabu. An vielen Ecken stehen kleine

boulevard le plus attractif de la ville est fermé aux voitures. A tous les coins de rue, des fillettes proposent des brins de muguet. La saison commence : ne s'agit-il pas là d'une bonne raison pour faire la fête ?

Le lundi de Pentecôte, avec la « fête des marins », a une signification particulière pour Honfleur. A l'occasion de la fin de la guerre de 1870-71, la société de sauvetage en mer d'Honfleur décida de célébrer, chaque lundi de Pentecôte, une messe dans la chapelle Notre-Dame-de-Grâce située sur les hauteurs de la ville (l'on pense qu'en cet endroit se trouvait déjà une chapelle au Xe siècle, et c'est également ici qu'en 1848 le roi Louis-Philippe fit sa dernière prière avant de partir pour l'exil en Angleterre).

Procession des enfants. Le lundi de Pentecôte est devenu, avec le temps, la plus importante fête d'Honfleur et les forains débordent d'imagination et de moyens pour attirer et amuser les foules sur la colline d'où l'on a une vue magnifique sur la ville et l'embouchure de la Seine. Néanmoins, la kermesse du Mont-Joli de la Pentecôte n'est pas la seule attraction à Honfleur. La procession matinale, accompagnée par la fanfare, est particulièrement remarquable. Elle se dirige depuis les greniers à sel à travers la vieille ville pavée jusqu'à la chapelle. Des enfants de quatre à quatorze ans, en habits de matelot, portent sur des brancards des modèles réduits de bateaux dans lesquels, lorsque leur taille le permet, sont assis les plus petits.

Avant qu'en 1349 la peste, qui s'étendait alors sur toute l'Europe, n'atteigne Honfleur, une autre grande fête populaire existait dans la ville : elle avait lieu en décembre sur la place de l'église Sainte-Catherine. Des commerçants, des saltimbanques, des musiciens, des pâtissiers, des comédiens et des charlatans rivalisaient dans l'art de soutirer aux gens le plus d'argent possible. Les mœurs qui régnaient alors entre la place de l'église - à cette époque encore entourée d'un cimetière - et la

on August 15th which is Holy Mary's Day, Honfleur is a place to enjoy. However, the faithful may get into a quandary - should they follow another pilgrimage up to the Notre Dame de Grace chapel or stay down-town, listening to the Honfleur "Hot Club", performing in front of the Town Hall? Because in mid-August, the annual Honfleur Jazz Festival takes place, with various concerts and open-air dancing.

Fête de Crevettes. Talking about festivities: The second week-end in October, the Honfleur crab fishermen's holiday calls for your attention. Rows of stalls offer sea-food ("fruits de mer") of all kinds, cakes, home-made honeys and jellies, cider and hand-crafted maritime souvenirs. The fishermen's guild of Honfleur called La Chaloup displays model ships and ropes tied in complicated but decorative knots which you can buy. Shanty choirs are accompanied by harmonica and banjo music; most of the local (senior) performers wear blue-and-white striped shirts and grey beards. The harbour and all streets leading to it show colourful flag decorations, and so do all boats in the Vieux Bassin.
Among yachts from abroad and neighbouring ports, Honfleur's traditional antique armada is present, a most fascinating performance. Lunch and dinner and drinks and coffees are still served outside, but next Monday the Quai Ste.-Catherine will be opened for motor traffic again until end of April next year. At ten o'clock at night, fireworks close the summer season.

But there is no reason to withdraw... later in the year, the Festival du Cinéma Russe (Festival of the Russian film) is held, a cultural Honfleur highlight since 1995, and in December another big fun fair, lasting for two weeks, makes us forget the cooler Normandy season.

Pont de Normandie. Since 1995, the Côte Fleurie (flower coast), as the left bank of the Seine estuary is called, and the opposite side is connected by the Pont de Normandie. This

Mädchen und halten Maiglöckchen feil. Nun beginnt die Saison... wenn das kein Grund zum Feiern ist! Besondere Bedeutung hat der Pfingstmontag für Honfleur, wenn die „Fête des Marins", also das Fest der Seeleute steigt. Anläßlich der Beendigung des Krieges von 1870-71 beschloß die Seenotrettungsgesellschaft Honfleurs, an jedem Pfingstmontag in der Kapelle Notre Dame de Grâce auf der Anhöhe über der Stadt einen Gedenkgottesdienst zu feiern (an diesem Platz stand, so ist überliefert, bereits im X. Jahrhundert eine Kapelle, und hier hat auch König Louis-Philippe im Februar 1848 ein letztes Gebet vor seiner Fahrt ins Exil nach England gesprochen).

Prozession der Kinder. Der Pfingstmontag entwickelte sich zum Tag des großen Honfleur-Stadtfestes, und heute lockt eine Armada von Schaustellern mit ihren Amüsier-Apparaten aller Kaliber das Volk auf den Berg, von dem man eine wunderschöne Aussicht auf die Stadt und die Seinemündung hat. Sehenswert ist vor allem die morgendliche, von Musik begleitete Prozession von den Salzspeichern durch die Kopfsteinpflaster-Altstadt bis zur Kapelle hinauf, an der Kinder von vier bis vierzehn Jahren in Matrosenkleidung Schiffsmodelle auf hölzernen Tragegestellen hinaufschleppen, und in den etwas größeren Schiffchen sitzen auch noch die jüngsten Kleinstmatrosen.

Bevor 1349 die sich über ganz Europa ausbreitende Pest auch nach Honfleur kam, gab es hier ein anderes großes Volksfest: Es fand im Dezember auf dem Platz der Kirche Sainte-Catherine statt. Händler, Gaukler, Musikanten, Zuckerbäcker, Komödianten und Scharlatane wetteiferten, dem Volk das Geld aus der Tasche zu ziehen.

Selbstverständlich weiß man den 14. Juli, den Nationalfeiertag Frankreichs, in Honfleur nicht weniger festlich zu begehen als andernorts im Lande, mit Paraden und Böllern, mit Musik und Tanz. Auch der 15. August, im Kirchenkalender als Marientag bekannt, hat einen hohen Stellenwert. Da zur gleichen Zeit

21 : Le quai Sainte-Catherine en 1950. 21: Quai Sainte-Catherine in 1950. 21: Quai Sainte-Catherine im Jahr 1950.

22 : La rue du Dauphin vers 1920. 22: Rue du Dauphin 1912. 22: Rue du Daupin um 1912.

23 : Le quai Sainte-Catherine en 1962. 23: Quai Sainte-Catherine in 1962. 23: Der Quai Sainte-Catherine im Jahre 1962.

21

22

23

mighty bridge with its bold architecture has brought Le Havre and the whole of north-eastern France closer to Paris and the south. It is possible to cross the bridge on foot or bicycle, which takes about two hours return and is a good exercise after a large sea food lunch, while cars are requested a 5 Euro toll each way (motorcycles are free).

Honfleur market day. Each Saturday is market day in Honfleur. The market extends over many streets and places, from place Ste.-Catherine down to the harbour and further down to the Cinema. Almost everything can be found, from vegetables to venison, from cheese to chicken, from slips to slippers, from boots to booze, from tapes to grapes, from clams to gems, Something for your quayside déjeuner, Madame, Monsieur? Roasted rabbit, some paella, or Alsacian sauerkraut-and-sau-

in Honfleur das alljährliche „Festival du Jazz" stattfindet, muß sich der musikliebende Gläubige allerdings entscheiden, ob er der Prozession hinauf zur Kapelle Notre Dame de Grâce folgen oder den heißen Klängen des „Hot Club de Honfleur" lauschen soll.

Fête de la Crevette. Am zweiten Oktober-Wochenende feiert man in Honfleur das Fest der Krabbenfischer. An einer Reihe von Ständen an den Kais werden Krabben, Jakobsmuscheln und andere „fruits de mer" verkauft, aber auch Gebäck, Honig vom Imker und Cidre. Die Fischergilde Honfleurs „La Chaloupe" zeigt zwischen romantisch drapierten Netzen künstlerische Knotengebilde, die man kaufen kann; man hört Shanty-Chöre mit Banjo- und Schifferklavier-Begleitung: Die Sängerknaben tragen fast durchweg lange, graue Bärte und dunkelblau-weiß gestreifte Hemden. Der

24

24 : En 1938 ce navire, la réplique d'un bateau du XVIIIe siècle, était amarrée dans le Vieux Bassin et était une attraction. Mais il avait seulement été construit pour le tournage d'un film. Il ne quitta le port que pour être démantelé (photo : Mulot).
24: This ship, designed to original 18th century pattern, was an Honfleur attraction, nevertheless a fake built in 1938 for film shootings. Afterwards it left the Vieux Bassin only to be dismantled.
24: Dieses Schiff, einem Original aus dem 18. Jahrh. gleichend, lag 1938 im Vieux Bassin und war eine Attraktion. Doch es war lediglich für Filmaufnahmen gebaut worden. Es hat den Hafen nur verlassen, um anschließend zerlegt zu werden (Foto Mulot).

place de l'Obélisque ont la réputation d'avoir été rudes.

Il va de soi qu'à Honfleur, la fête nationale du 14 juillet est tout aussi bien célébrée qu'ailleurs en France, avec des parades, des coups de canon, de la musique, de la danse et des feux d'artifice. Le 15 août, fête de la sainte Vierge, occupe également une place importante. Etant donné qu'au même moment se tient le festival annuel du jazz, le croyant mélomane doit toutefois choisir entre la procession jusqu'à la Chapelle Notre Dame de Grâce et la musique endiablée du Hot Club d'Honfleur.

Fête de la crevette. Le second week-end d'octobre l'on fête à Honfleur les pêcheurs de crevettes. Sur les quais s'alignent les stands de crevettes, de coquilles Saint-Jacques et d'autres fruits de mer, mais l'on peut également trouver des petits gâteaux, du miel artisanal et du cidre. L'association des pêcheurs honfleurais « La Chaloupe » propose entre ses filets joliment mis en place, des nœuds marins arti-

sages, crab-meat-filled beignets from Chichi the Vietnamese, or a portion of "little green and black ones from Morocco", offered by Marius, the King of Olives, along with fresh baguettes? The Saturday morning market is exciting, just strolling and looking provides as much fun as nibbling and buying.

L'art pour l'art. Those many art galleries in Honfleur don't just happen to be there waiting for art-loving tourists willing to purchase some-thing expensive on canvas. Honfleur has a world-wide reputation for for paintings and sculptures. It's one of the important business centres for old and contemporary art. Having been one of the "cradles" of 19th century Im-pressionism, Honfleur was a preferred spot for painters who stayed here and got their inspirations from its unique atmosphere. Among others, Eugène Boudin lived here, being the son of a pilot and working for a local stationary shop keeper until his talents were discovered by Charles Baudelaire the

Hafen und die zu ihm führenden Straßen sind bunt beflaggt. Im Vieux Bassin liegen so viele antike Schiffe wie selten; Kutter und Yachten aus alter Zeit - eine Faszination. Noch wird draußen serviert, erst am kommenden Montag muß der Quai Sainte-Catherine wieder bis Ende April geräumt werden... Um 22 Uhr schließt ein Feuerwerk den Festtag ab.

Das Festival du Cinéma Russe (Russisches Filmfestival), das in jedem Herbst in Honfleur stattfindet, lockt Cinéasten von weither an. Seit 1995 gehört die Woche des russischen Films hier zu den Höhepunkten des kulturellen Lebens, und der beinahe nahtlose Übergang zur vorweihnachtlichen Sainte-Catherine-Kirmes mit ihrem Vergnügungspark und Aktivitäten für Jung und Alt macht deutlich, daß Honfleur keineswegs nur eine Stadt der Sommersaison ist.

Pont de Normandie. Die Côte Fleurie, die mit Blumen bewachsenen Hänge der Rive Gauche, und das gegenüberliegende, also in Stromrichtung rechtsseitge Seineufer, verbindet seit 1995 der Pont de Normandie. Sie imponiert durch ihre kühne Architektur und hat Le Havre, die wirtschaftlich bedeutende Großstadt, sowie die nördlichen Départements enger mit der Basse-Normandie und Südwest-Europa verbunden. Man kann die Riesenbrücke zu Fuß oder per Fahrrad überqueren, was hin und zurück zwei Stunden dauert; als Autofahrer zahlt man fünf Euro Maut je Tour. Empfehlenswert ist auch eine Bootsfahrt auf der Seine zur Brücke.

Markttag in Honfleur. Auf dem Markt, der hier jeden Sonnabend stattfindet und sich über mehrere Straßen und Plätze bis zum Hafen hinunter und zum Kino hin erstreckt, bekommt man so gut wie alles: Gemüse und Geflügel, Krabben und Käse, Gewürze und Getränke, Pistazien und Pasteten, Blumen und Blusen, Stiefel und Schürzen, Taschen und Tücher, Büsten-, Socken- und Federhalter, Zwiebeln und Zwirn, Seife und Siebe und Suppenlöffel.

stiques que l'on peut acheter. Et l'on entend des chants de marins accompagnées de banjos et d'accordéons : la plupart des chanteurs portent de longues barbes grises et sont vêtus de chemises rayées bleu marine et blanc. Le port et les rues adjacentes sont décorés de drapeaux multicolores. Dans le Vieux Bassin, les vieux chalutiers et les yachts anciens sont encore plus nombreux que d'habitude. Une image fascinante ! Les restaurants servent encore à l'extérieur, sur le quai de Sainte-Catherine, mais dès le lundi suivant, le quai devra être rendu à la circulation jusqu'en avril de l'année prochaine. Un feu d'artifice clôt la fête à 22 heures.

Le festival du Cinéma Russe qui a lieu chaque automne à Honfleur, attire des cinéastes qui viennent de loin. Depuis 1995, la semaine du film russe fait partie des sommets culturels de la ville, et la kermesse de Sainte-Catherine avant Noël qui lui succède presque immédiatement, avec ses divertissements et activités pour jeunes et moins jeunes, démontre que Honfleur n'est pas uniquement une ville de la belle saison.

Pont de Normandie. Depuis 1995, le Pont de Normandie relie la Côte Fleurie sur la rive gauche à la rive droite de la Seine. Il impressionne par son architecture audacieuse, et a le mérite d'avoir rapproché Le Havre, important centre économique, ainsi que les départements septentrionaux, de la Basse-Normandie et du Sud-Ouest de l'Europe. Il est possible de traverser ce pont gigantesque à pied ou à bicyclette et il faut compter deux heures pour un aller-retour. L'automobiliste paie cinq euros de péage. Sont également à recommander les excursions en bateau sur la Seine.

Jour de marché à Honfleur. Sur le marché qui s'étend chaque samedi matin sur plusieurs rues et places jusqu'au port et au cinéma, on trouve de tout : légumes et volailles, crevettes et fromage, épices et boissons, pistaches et pâtés, fleurs et chemisiers, bottes et tabliers, sacs à main et foulards, soutiens-gorge, chaus-

poet (1821-1867). Later, Boudin founded the painters' school at the famous Maison Saint-Siméon overlooking the wide Honfleur beach.

Worth mentioning also are Alexandre Dubourg, Jean Auguste Gagnery, Xavier Leprince, Claude Monet, Raoul Dufy, Charles Mozin, Louis Garneray. Artists like Jongkind, Bazille, Corot and Courbet worked also in Honfleur, as well as prominent authors like Marcel Proust and composers like Eric Satie. They usually met in Baudelaire's "salon" for creative sessions and discussions. A number of interesting museums show their work, while streets and places are named after them.

For gourmands and gourmets. "Trou normand" is a name of a little glass of liqueur served between two courses in the more expensive restaurants. This liqueur bearing the name of the "hole" it should fill until the next course arrives in front of the guest, is normally a "Calva" (the "dos" having been swallowed beforehand), while for an aperitif one should opt for a glass of champagne or crémant. To end the meal, a pommeau is the right kind of stuff for digesting. Cider - once spelled "sildre" this side of the channel and well-known here for more than 500 years - is a beverage which usually goes well with sweet crêpe or a galette (similar to crêpe). Normandy cider is considered as a re-freshment, it contains little alcohol and may well be enjoyed without any snack, especially on a warm summer day.

A great number of delicatessens, bakeries, butchers, confectioners (try their tarte aux pommes), wine merchants and other specialist, last but not least some supermarkets with a delightful choice of excellent food make an Honfleur shopping day a tour of temptation!

So here's the place for being truly spoiled. After having spent your holidays in Honfleur, having discovered its particularities and those of the region, you will most certainly agree. There are many reasons to come back and not only because of the sea food, the apple pie and the sparkling-fresh Normandy cider.

Was darf es fürs Déjeuner sein? Ein geröstetes Kaninchen am Spieß, etwas von der leckeren Paella oder vom elsässischen Sauerkraut, ein paar asiatische Crevetten-Beignets oder eine Portion „kleine Schwarze aus Marokko“ von Marius, dem „Olivenkönig“, mit einer Baguette paysanne...? Der Marktgang ist ein Erlebnis, Gucken mitunter schöner als Kaufen, und wer die lautstarken Sprüche der Anbieter versteht, hat daran besonderen Spaß.

L'art pour l'art. Die vielen Galerien in Honfleur zeigen ihre Exponate nicht nur in der Erwartung, kunstliebenden Feriengästen etwas verkaufen zu können. Honfleur ist ein in ganz Frankreich bekannter Umschlagplatz für Bilder und Plastiken und ein Zentrum des Kunsthandels. Die Stadt darf sich zugute halten, eine Heimat des Impressionismus zu sein; im 19. Jahrhundert hat sie zahlreiche Künstler beherbergt, deren Namen Berühmtheit erlangten. So auch Eugène Boudin, in Honfleur als Sohn eines Lotsen geboren; das Maltalent des jungen Schreibwarenverkäufers wurde von dem Poeten Baudelaire entdeckt.

Boudin gründete später im Maison Saint-Siméon eine Malerschule. Weitere Meister des Pinsels, die in Honfleur lebten, waren Alexandre Dubourg, Jean Auguste Gagnery, Xavier Leprince, Claude Monet, Raoul Dufy, Charles Mozin, Louis Garneray. Und Jongkind, Bazille, Corot, Courbet haben hier ebenfalls gearbeitet, wie auch etliche Fauvisten und Kubisten. Gleichermaßen haben viele Schriftsteller in Honfleur gelebt: Im Salon Charles Baudelaires (1821-1867) trafen sich Literaten, Kreative und Theaterleute jener Zeit. Ihren Namen und ihrem kulturellen Erbe begegnet man in der Stadt allenthalben: Museen zeigen ihre Werke; Straßen und Plätze sind nach ihnen benannt.

Für Gourmands und Gourmets. „Trou normand“ nennt sich der kleine Schnaps zwischen zwei Gängen eines echten normannischen Menüs. Der Schnaps, der den Namen des Loches trägt, das er angeblich zu füllen hat,

settes et stylos plume, oignons et fil, savons, passoires et cuillères à soupe. Qu'est-ce qui vous ferait plaisir pour le déjeuner ? Un lapin grillé, un peu de cette délicieuse pælla ou de la choucroute alsacienne, quelques beignets de crevettes asiatiques ou des « petites noires » du Maroc de Marius, le « roi des olives », avec une baguette paysanne…?

L'art pour l'art. Les nombreuses galeries de peinture d'Honfleur ne montrent pas uniquement leurs tableaux dans l'espoir de pouvoir les vendre à des touristes amateurs d'art. Honfleur est une place marchande pour tableaux et sculptures réputée dans toute la France et un centre du commerce d'art. La ville peut se vanter d'être une patrie de l'impressionnisme ; au XIXe siècle, elle a hébergé de nombreux artistes dont les noms sont devenus célèbres par la suite. Cela vaut également pour Eugène Boudin, né à Honfleur en tant que fils de pilote de navire ; le talent de peintre de ce jeune vendeur de papeterie a été découvert par le poète Baudelaire.

Boudin fonda plus tard dans la Ferme Saint-Siméon une école de peintres. D'autres maîtres du pinceau ayant vécu à Honfleur furent Alexandre Dubourg, Jean-Auguste Gagnery, Xavier Leprince, Claude Monet, Raoul Dufy, Charles Mozin, Louis Garneray. Et Jongkind, Bazille, Corot, Courbet ont également travaillé ici, comme d'ailleurs de nombreux fauves et cubistes. De la même manière, beaucoup d'écrivains ont vécu à Honfleur : dans le salon Charles Baudelaire (1821-1867) se sont côtoyés des littéraires, des créatifs et des gens du théâtre. Leurs nom et leur héritage culturel figurent partout dans la ville : leurs œuvres sont exposées dans les musées bien fréquentés ; des rues et des places portent leur nom.

Pour gourmands et gourmets. « Trou normand » ainsi se nomme ce petit verre d'alcool servi entre deux plats d'un véritable menu normand. Cet alcool portant le nom du trou qu'il est apparemment censé remplir devrait être un calvados, appelé communément « calva » (la plupart du temps, le « dos » est avalé avant même que le verre soit servi). Du champagne ou du crémant devraient être servis en apéritif, et le pommeau en digestif. Le cidre, autrefois appelé « sildre » et connu depuis 500 ans en tant que boisson gazeuse, accompagne des crêpes ou des galettes salées, garnies de fromage, crevettes ou jambon. Il va de soi que le cidre, boisson rafraîchissante, peut également être consommé l'été sans casse-croûte.

De nombreuses épiceries fines, boulangeries, pâtisseries (tarte aux pommes), négoces de vin et autres magasins spécialisés et les grandes surfaces toujours bien achalandées en France, sont à l'origine de nombreuses tentations… Ici l'on sait vivre ! Vous partagerez cette opinion lorsque vous aurez passé des vacances à Honfleur, découvert ses particularités et celles de son canton idyllique. Il y a beaucoup de bonnes raisons pour revenir, et pas seulement pour les fruits de mer, la tarte aux pommes et le cidre pétillant…

sollte natürlich ein Calva sein (das „dos" wird meist schon vor dem Eingießen verschluckt), der Apéritif hingegen ein Champagner oder Crémant, und der Dégistif ein Pommeau. Cidre - einst „sildre" geschrieben und als prikkelnder Apfelwein in der Normandie seit 500 Jahren bekannt - gehört zur Crêpe oder zur Galette (dieselbe in salzig, mit Käse, Krabben oder Schinken).

Zahlreiche Feinkostgeschäfte, Bäckereien, Pâtisserien (tarte aux pommes), Weinhandlungen und andere Spezialisten - übrigens auch die in Frankreich stets gut sortierten Supermärkte - lassen das Einkaufen zu einer einzigen großen Versuchung werden... Hier versteht man zu leben! Nachdem Sie einmal einen Urlaub in Honfleur verbracht, seine Besonderheiten und die des idyllischen Kantons entdeckt haben, werden Sie dieser Ansicht zustimmen. Es gibt eine Menge guter Gründe wiederzukommen, keineswegs allein der köstlichen Fruits-de-mer, der Apfeltorte und des spritzigen Cidre wegen...

Le port, la pêche et les bateaux

Par sa situation géographique, Honfleur a pu se développer en une ville portuaire qui, au cours des siècles, a acquis une grande importance et fut le point de départ de nombreuses expéditions. Le commerce par bateaux et surtout la pêche ont marqué le caractère d'Honfleur, qui comptait voilà trente ou quarante ans encore de nombreux chantiers navals. Les temps ont changé et les flottes de commerce et de pêche ont peu à peu cédé leur place à d'innombrables yachts qui donnent aujourd'hui son ambiance maritime à la ville.

The harbour, the fishing and the ships

By its geographical location, Honfleur was fortunate enough to develop into a harbour town of great importance through the centuries, being the starting point for a number of overseas discoveries. Naval trade activities and fishing formed the character of Honfleur, and until three or four decades ago some busy shipyards were still in operation. Times have changed, the trade fleet as well as fishing suffered from decline. But the merchant fleet has been replaced by countless yachts contributing greatly to Honfleur's charming flair today.

Der Hafen, die Fischerei und die Schiffe

Durch seine geographische Lage hat sich Honfleur zu einer Hafenstadt entwickeln können, die im Verlauf der Jahrhunderte große Bedeutung erlangte und zum Ausgangspunkt zahlreicher Expeditionen wurde. Die Handelsschiffahrt und vor allen Dingen auch das Fischereiwesen prägten den Charakter Honfleurs, bis vor dreißig, vierzig Jahren existierten hier noch etliche Werftbetriebe. Die Zeiten änderten sich, die Handels- und Fischereiflotten haben sich dezimiert, und an ihre Stelle sind unzählige Yachten getreten, die heute das maritime Flair der Stadt bestimmen.

25 : Le 14 juillet, jour de la fête nationale, est la fête de l'été, un événement bien arrosé.
25: Vieux Bassin on July 14 (National Holiday). The great summer festival - bibulous in any respect.
25: Am 14. Juli (Nationalfeiertag) steigt das große Sommer-Volksfest, ein feucht-fröhliches Vergnügen.

26 : La fête de la Crevette. 27 : Il n'y a pas uniquement de grands yachts au bord des quais. 28 : Détails d'un chalutier d'Honfleur.

26

27

26: Fête de la Crevette. 27: Not only big rigs are mooring at the quays. 28: Details of a typical Honfleur trawler.

28

26: Fête de la Crevette. 27. Nicht nur große Yachten liegen an den Quais. 28: Details eines Honfleur-Fischkutters.

港や漁業と船舶

地理条件に恵まれたオンフルールは何世紀にもわたり、重要な港町として栄え、海外でのさまざまな発見の出発点となってきました。海軍の貿易活動や漁業がオンフルールの特色となり、3、40 年前までは造船所は繁盛に運営されていました。時代は変わり、貿易港や漁業は寂れていく一方ですが、商用船舶は数々のヨットに取って替わり、今日のオンフルールの魅力となっています。

TL 552 577
Formations aux métiers du nautisme
I.N.N

30

31

29 : Le Vieux Bassin aux traits romantiques vu de la rue de la République. 29: Vieux Bassin, the romantic old port, seen from Rue de la République. 29: Der romantische Hafen Vieux Bassin, gesehen von der Rue de la République.

32

30 : La flotte de chalutiers d'Honfleur. 30: The Honfleur trawler fleet. 30: Die kleine Fischereiflotte von Honfleur.

31 : Panneau de signalisation historique. 31: Historical road sign. 31: Historischer Hinweis.

32 : Le quai des Passagers. 32: Quai des Passagers. 32: Der Quai des Passagers.

33 : De vieux voiliers, des bateaux récents dans le Vieux Bassin. 33: Vintage and contemporary Yachts in the Vieux Bassin. 33: Ältere und jüngere Segelboote im Vieux Bassin.

35

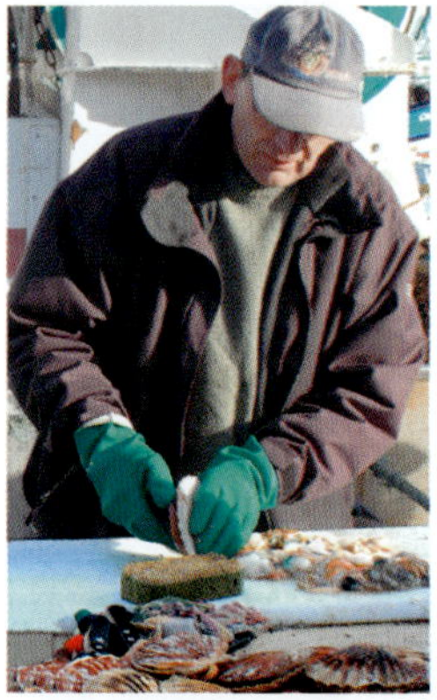

36

34 : Comment était la prise la nuit dernière ?
35 : Des moules fraiches tous les jours !
36 : Ouverturte d'une coquille Saint-Jacques.
37 : Une belle mouette.

34: How was the catch last night? 35: Fresh mussles, daily. 36: Opening of Jacob's mussles. 37: Sharp surveyor.

34: Wie war der Fang letzte Nacht? 35: Muscheln - täglich frisch! 36: Öffnen der Jakobsmuscheln. 37: Große Raubmöve „auf Posten".

37

38 : Retour au lever du soleil. 38: Return at sunrise. 38: Heimkehr bei Sonnenaufgang.

34

38

40

39 : Un bateau de pêche gagne la mer. 39: Fishing boat leaving for the open sea. 39: Ein Fischerboot läuft aus.

41

*40 : La voie d'eau menant au port doit être nettoyée régulièrement.
40: The waterways to the harbour have to be cleared frequently.
40: Regelmäßig muß die Fahrrinne zum Hafen freigehalten werden.*

41 : Est-ce que de Champlain, le fondateur de la ville Quebec en Canada, amarrait ici ? 41: Had de Champlain, founder of Quebec in Canada, put ropes around, already? 41: Hat hier Quebec-Gründer de Champlain schon festgemacht?

*42 : Impressions multicolores au port de pêche.
42: Colourful dockside impressions.
42: Farbimpressionen im Fischereihafen.*

39

42

43

43 : Ce phare tient aujourd'hui un rôle essentiellement décoratif. 43: In our days this lighthouse serves decorative purposes mainly. 43: Dieser Leuchtturm ist heute fast nur noch Dekoration.

44

45

44, 45 : Lâchez les amarres ! La côte anglaise se situe à 90 milles marins seulement. 44, 45: Loosen the ropes! The English coast lies only 90 nautical miles from Honfleur. 44, 45: Leinen los! Die englische Küste ist nur 90 Seemeilen von Honfleur entfernt.

46 : Nature morte avec cordages. 46: Still life with ropes. 46: Stilleben mit Tauwerk.

46

47

47 : La lieutenance, un bâtiment fortifié du XIVe siècle. 47: The Lieutenance, a fortified building from the 14th century.
47: Die Lieutenance, ein befestigtes Bauwerk aus dem 14. Jahrhundert.

48

48 : La place d'amarrage habituelle du voilier « Fides » ; en arrière-plan, à gauche, l'hôtel de ville.
48: Habitual mooring place of the historic ketch „Fides“; in the background, on the left, the town hall.
48: Stammplatz der historischen Ketsch „Fides“; links im Hintergrund das Rathaus.

49

50

49, 50, 51 : Chaque bateau dans le port de Honfleur offre des détails photogènes.
49, 50, 51: Every ship in the harbour of Honfleur offers photogenic details.
49, 50, 51: Jedes Schiff im Hafen von Honfleur bietet fotogene Details.

51

52

53

54

52, 53 : On a toujours besoin d'un coup de main. 52, 53: Helping hands are always needed. 52, 53: Ohne kräftiges Zupacken geht es einfach nicht.

54 : « La Roche Bleue » : détails d'un bateau en cours de restauration. 54: „La Roche Bleue“: detail of an old boat under restoration. 54: „La Roche Bleue“: Detail eines Schiffes, das restauriert wird.

L'ENZEAU
CN 517931

56

55 : Les filets de pêche sèchent sur le quai de la Cale. 55: Drying fishing gear at Quai de la Cale. 55: Fischernetze trocknen auf dem Quai de la Cale.

56 : Autrefois, c'était à la voile que l'on partait à la pêche. 56: Remember the old days when we sailed our sloops? 56: Diese Männer zogen früher noch raus zum Fischen.

55

57

57 : Des filles d'Honfleur dans leurs costumes de la Pentecôte.
57: Honfleur girls in Whitsun costumes.
57: Mädchen aus Honfleur in ihrem Pfingstkostüm.

58 : Un chantier de réparation sur la jetée de l'Est.
58: The repair wharf on the Eastern jetty.
58: Reparaturwerft an der Jetée de l'Est.

58

59

60

59 : La « Sainte Bernadette », construite en 1926. 59: The Sainte Bernadette, built in 1926. 59: Die Sainte Bernadette, gebaut 1926.

61

60 : Ces souvenirs d'Honfleur sont malheureusement toujours utilisés. 60: Honfleur souvenirs - still in use, unfortunately. 60: Diese Souvenirs werden leider noch gebraucht

61 : Une hélice de bateau s'est bloqué avec un objet et doit être libérée. 61: A rope has tied itself across the ship's screw and has to be cleared. 61: Ein Taucher muß eine Schiffsschraube von einem Hindernis befreien.

62 : Autrefois, des bateaux de commerce déchargeaient leur marchandise sur le quai Saint-Etienne. 62: Quai Saint-Etienne, a place where the ships were unloaded in the old days. 62: Am Quai Saint-Etienne luden einst die Handelsschiffe ihre Waren aus.

La Maison Bleue
Café - Brasserie - Glaces
Tea-room Café
Formations aux métiers du nautisme
I.N.N
www.securimer.com

62

63

63 : En été, des yachts venus de toute l'Europe rendent visite à Honfleur.
63: In the summer season yachts from all over Europe would visit Honfleur. 63: Segelyachten aus ganz Europa besuchen Honfleur im Sommer.

64 : Réparation impossible. 65 : Ces rails ont autrefois servi lors de la construction de la digue. 66 : Bateau en cours de démolition (2006).

64: Beyond repair, unfortunately. 65: Relics from jetty construction long ago. 66: Wrecked boat in the dockyards in 2006.

64: Hier ließ sich nichts mehr reparieren. 65: Gleise, die vor langer Zeit beim Deichbau dienten. 66: Im Jahre 2006 abgewracktes Fischerboot.

64

65

66

67

67 : Des poulies de filets hors d'usage.
67: Trawlers equipment being scraped.
67: Ausrangierte Netzwinden.

68

69

70

68 : Vue sur l'avant-port.
68: View of the Avant Port.
68: Blick auf den Vorhafen.

69 : A Honfleur, la saison de moules dure toute l'année. 70 : Chantier naval pour yachts dans le bassin Carnot. 71 : Vue arrière d'un chalutier. 72 : Le bateau d'excursion « Jolie France ». 73 : Ce genre de travail manuel est toujours très recherché.

69: Honfleur's mussel season never ends. 70: Yacht wharf at the Bassin Carnot. 71: Rear view of a fishing vessel. 72: Sightseeing ship „Jolie France". 73: Like in the old days, these skills are in high demand.

69: In Honfleur ist das ganze Jahr über Muschel-Saison. 70: Yachtwerft am Bassin Carnot. 71: Heckansicht eines Fischkutters. 72: Ausflugsschiff „Jolie France". 73: Diese Art von Handarbeit ist wie zu alten Zeiten gefragt.

71

73

72

74

74, 75, 76 : Honfleur reste aujourd'hui une importante place de commerce pour le bois, entre autres. 74, 75, 76: Honfleur is an important trading harbour for timber and a few other goods. 74, 75, 76: Honfleur ist ein bedeutender Umschlagplatz für Holz, unter anderem.

75

76

77

77 : Le choix de cidre normand est grand à Honfleur. 77: One can find a wide choice of Normandy cidre in Honfleur. 77: Cidre aus der Normandie wird in Honfleur in großer Auswahl angeboten.

78

78 : Cargo remontant la Seine en direction de Rouen. 78: Freighter on its way upstream to Rouen.
78: Frachtschiff stromaufwärts Richtung Rouen.

79

80

79 : Le quai de la Quarantaine plongé dans la lumière d'un matin de septembre. 79: The Quai de la Quarantaine in September morning light. 79: Der Quai de la Quarantaine im milden September-Morgenlicht.

81

80 : De la neige sur les toits du quartier Sainte-Catherine. 81 : Le festival du film russe commence. 82 : Des filets de pêche en fer sous la neige. 83 : L'avant-port, un après-midi de février.

80: Snow on the roofs of Quartier Sainte-Catherine. 81: The Russian Film Festival begins. 82: Ice on iron fishing gear. 83: The Avant-Port on a February afternoon.

80: Schnee auf den Dächern im Quartier Sainte-Catherine. 81: Das Russische Filmfestival beginnt. 82: Vereiste eiserne Fischernetze. 83: Der Avant-Port an einem Februarnachmittag.

82

83

BLANC
NACRÉ

La ville, les gens et leurs maisons

Au cours d'un millénaire, la ville d'Honfleur fut plusieurs fois détruite et reconstruite, tout en n'ayant que peu souffert de la Seconde Guerre mondiale. Pour cette raison, une grande partie du patrimoine bâti des deux siècles et demi derniers a été préservé. Chaque maison pourrait raconter une histoire, chaque ruelle et chaque place possède un vécu... Mais ce sont les personnes dont les familles vivent à Honfleur qui sont d'un genre tout particulier. On est en droit de les caractériser comme aimables et ouverts au monde, et ils sont également plus bavards que les habitants du reste de la Normandie.

The town, the people and their houses

During its thousand years' history Honfleur has been destroyed and reconstructed many times, though the town was not seriously damaged during Second World War, fortunately. For this reason much of the historic substance from the last two and a half centuries has survived. Every house could tell a story, every lane and place has experienced many events. The people stemming from Honfleur families are said to be cordial and open-minded, and in comparison to people from other Normandy places they are much more talkative.

Die Stadt, die Menschen und ihre Häuser

Die Stadt Honfleur ist im Verlauf eines Jahrtausends oftmals zerstört und immer wieder aufgebaut worden, hat zum Glück aber während des Zweiten Weltkrieges kaum gelitten. Daher ist viel historische Substanz der letzten zweieinhalb Jahrhunderte erhalten geblieben. Jedes Haus könnte eine Geschichte erzählen, jede Gasse und jeder Platz hat viel erlebt... Ein ganz besonderer Schlag aber sind die Menschen, deren Familien in Honfleur zu Hause sind. Man darf sie als liebenswürdig und weltoffen bezeichnen, und sie sind auch gesprächiger als man es andernorts in der Normandie erlebt.

84 : La place Arthur Boudin ; la maison date du début du XIXe siècle.
84: Place Arthur Boudin; the house was built in the early 19th century, 84: Place Arthur Boudin; das Haus stammt aus dem frühen 19. Jahrhundert.

85 : La rue Brûlée. 86 : Le café de Paris sur le quai des Passagers. 87 : Un mariage sur la place Sainte-Catherine.

85

86

87

85: Rue Brûlée. 86: Café de Paris, Quai des Passagers. 87: Wedding, Place Sainte-Catherine.

85: Rue Brûlée. 86: Café de Paris, Quai des Passagers. 87: Hochzeit, Place Sainte-Catherine.

街や人々と彼らの家々

第二次世界大戦では運良くそれほど大きな被害を受けることはなかったものの、何千年もの歴史の中でオンフルールは何度も破壊され、そして再開発されてきました。このような歴史を背景に、歴史的重要物は今から 2 世紀～ 2 世紀半にわたり保存されてきました。家々には言い伝える物語があり、そしてそれぞれの路地や場所では多くのイベントが開かれたのです。オンフルールで生まれた人々は人情にあふれ開放的で、他のノルマンディの地域から来た人々に比べずっとおしゃべり好きだと言われています。

88

89

88 : Vue sur la Lieutenance au début de la matinée. 89 : Une cidrerie sur la place Hamelin. 90 : La fontaine de la place Berthelot.

88: Early morning sun brightening the Lieutenance. 89: Cidrerie at the Place Hamelin. 90: Fountain at the Place Berthelot.

88: Blick auf die Lieutenance bei frühem Morgenlicht. 89: Cidrerie an der Place Hamelin. 90: Wasserspeier am Place Berthelot.

90

91 : Le quai Sainte-Catherine et ses façades de maisons. 91: Buildings lined up at Quai Sainte-Catherine. 91: Quai Sainte-Catherine mit Hausfassaden.

91

92

93

94

96

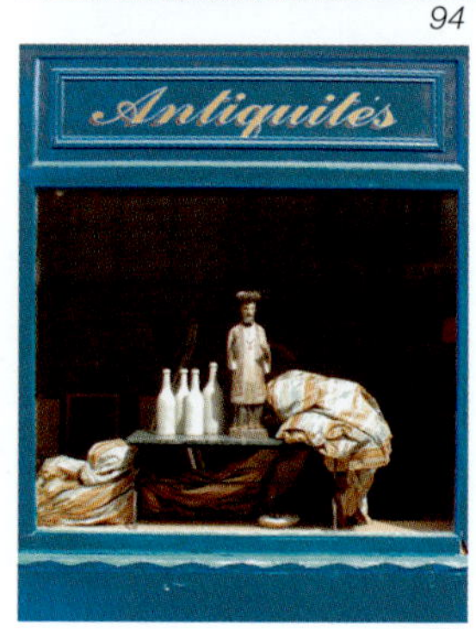

95

92 : La pharmacie la plus connue d'Honfleur : la pharmacie de Passocéan.
92: The most renowned pharmacy in Honfleur, La Pharmacie de Passocéan.
92: Die berühmteste Apotheke Honfleurs: La Pharmacie de Passocéan.

93 : Une vieille porte en bois de la rue Brûlée. 94 : Portail en fer de la rue du Dauphin. 95 : Magasin d'antiquités de la rue Jean Doublet. 96 : Les chats d'Honfleur ne miaulent qu'en français.

93: Ancient wooden door in Rue Brûlée. 94: Iron gate in Rue du Dauphin. 95: Antique shop in the Rue Jean Doublet. 96: Honfleur cats meow in French, of course.

93: Alte Holzpforte in der Rue Brûlée. 94: Eisernes Tor in der Rue du Dauphin. 95: Antiquitätengeschäft in der Rue Jean Doublet. 96: Katzen in Honfleur miauen nur auf Französisch.

97

97 : Au XIVe siècle, la Lieutenance fut construite en tant qu'élément de la fortification de la ville.
97: In the 14th century, the Lieutenance was built as a part of the city fortification. 97: Im 14. Jahrhundert wurde die Lieutenance als Teil der Stadtbefestigung angelegt.

98

98 : Quoi d'autre devais-je ramener à la maison ? 99 : …le journal bien sûr ! 100 : Atelier de peintre sur la place Sainte-Catherine.

98: What else did they ask me to bring home? 99: ... the morning papers, of course! 100: Painter's studio at Place Sainte-Catherine.

98: Denkpause: Was sollte ich noch mitbringen? 99: ... die Zeitung, natürlich! 100: Maleratelier an der Place Sainte-Catherine.

99

100

102

103

104

101 : Découvrez le charme des détails : dans la rue du Puits. 102 : …dans la rue Brûlée. 103 : …la boîte de la Poste du Mont-Joli. 104 : …une boîte aux lettres dans la rue Saint-Nicol.

101: Discover charming details: In the Rue du Puits. 102: ... in the Rue Brûlée. 103: ...a post box at the Mont-Joli heights. 104: ...a letter box in the Rue Saint-Nicol.

101: Entdecken Sie den Reiz der Details: in der Rue du Puits. 102: ...in der Rue Brûlée. 103: ...den Postkasten am Mont-Joli. 104: ...einen Briefkasten in der Rue Saint-Nicol.

101

105

106

107

109

110

105, 106 : La rue de la République. 107 : La rue Eugène Boudin. 108 : De la vieille maçonnerie dans la rue de la Ville. 109 : Autrefois, il y avait ici une brasserie. 110 : Le quai Lepaulmier. 111 : Un vieux mur dans la rue des Prés.

105, 106: Rue de la République. 107: Rue Eugène Boudin. 108: Old masonery in Rue de la Ville. 109: This has once been a brewery's site. 110: Quai Lepaulmier. 111: Very old wall in the Rue des Prés.

105, 106: Rue de la République. 107: Rue Eugène Boudin. 108: Altes Mauerwerk in der Rue de la Ville. 109: Hier befand sich früher einmal eine Brauerei. 110: Quai Lepaulmier. 111: Sehr alte Mauer in der Rue des Prés.

108

111

112 : Une promenade à travers le parc. 113 : Une maison en colombages en attente de restauration. 114 : Fresque de céramique dans la rue des Prés.

112: Promenading through the idyllic park. 113: Half-timbered house awaiting restoration. 114: Ceramic panel in the Rue des Prés.

112: Beschaulicher Spaziergang durch den Park. 113: Renovierungsbedürftiges Fachwerkhaus. 114: Keramikfries an der Rue des Prés.

112

113

114

115

116

115 : Honfleur, un paradis pour les chiens et leurs maîtres ! 116 : Et parfois pas… Ici « Lola » est au travail…

115: Honfleur, any pet's paradise (well, for their masters, at least)! 116: Well, sometimes not...

115: Honfleur, ein wahres Paradies für Hunde und die sie lieb haben! 116: Nun, manchmal auch nicht...

117

118

117 : Le manoir de Roncheville. 118 : Derrière chacun de ces panneaux se cache une histoire...

117: Manoir de Roncheville.
118: Behind each of these plates there is a story...

117: Manoir de Roncheville. 118: Hinter jedem dieser Schilder steckt eine Geschichte...

119

120

121

121 : La rue de la République, voie principale en direction du sud. 121: Rue de la République, main street to the south. 121: Rue de la République, Ausfallstraße nach Süden.

122

119 : Le monument aux Morts de 1914-18 et 1939-45 sur la place Albert Sorel. 120 : Le quai de la Quarantaine au printemps.

119: The 1914-18 / 1939-45 war memorial at Place Albert Sorel. 120: Looking down the Quai de la Quarantaine in spring.

119: Das Kriegerdenkmal 1914-18/1939-45 an der Place Albert Sorel. 120: Quai de la Quarantaine im Frühling.

122 : Une vache laitière normande, également appelée « vache lunettes » en raison du dessin porté sur le visage.
122: A Norman milk cow, also called „vache lunettes" - glasses cow - for the shape of the spots on its face.
122: Typisch normannische Milchkuh, wegen der brillenartigen Gesichtszeichnung auch „vache lunettes" .

123

124

125

126

123 : Toujours pas une vraie rareté : la camionnette Citroën Acadiane du début des années 80. 123: Still a not so unusual sight: the Citroën Acadiane van from the early 80's. 123: Noch immer kein seltener Anblick: eine Citroën Acadiane aus den frühen 80ern.

127

124 : Encore cinquante minutes et vous serez là ! 125 : A Honfleur aussi, le chauffage au bois devient de plus en plus populaire. 126 : Une voiture ancienne en route pour Deauville. 127 : Le résultat d'un petit malheur. 128 : L'expert se donne un coup de main lui-même ! 129 : Panneau de signalisation historique.

124: Fifty minutes and you've made it! 125: Even in Honfleur, wood heating becomes more and more popular 126: Vintage car on its way to Deauville. 127: Result of a little mishap. 128: The expert is his own trouble-shooter. 129: Historic road sign.

128

124: In fünfzig Minuten sind wir da! 125: Auch in Honfleur wird immer mehr mit Holz geheizt. 126: Im Oldtimer auf dem Weg nach Deauville. 127: Folgen eines kleinen Malheurs. 128: Der Fachmann hilft sich selbst! 129: Historisches Straßenschild.

129

Produits Régio
MUSEE
Potage au
Camembert ou
au Pont. L'Evêque

130

131

132

133

130 : La maison Gribouille, une des adresses de renom pour la Calvados. 130: Maison Gribouille, one of the renown addresses for Calvados. 130: Das Maison Gribouille ist eine gute Einkaufsadresse für Calvados.

131 : Une relique d'un temps où le pont tournant existait encore. 132 : Attendre dans l'écluse. 133 : L'ancien bureau des douanes du port au bout du quai Sainte-Catherine. 134 : Même entre pêcheurs on échange les dernières nouvelles.

131: Relics of the time when the svivvel bridge was in operation. 132: Waiting for the turn to pass the lock. 133 : The old customs house on the end of Quai Sainte-Catherine. 134: Fishermen exchanging latest news.

134

131: Relikt aus Honfleurs alter Zeit, als es die Drehbrücke noch gab. 132: Warten in der Schleuse. 133: Das historische Hafenzollamt am Kopf des Quai Sainte-Catherine. 134: Auch unter Fischern gibt's immer was zu tratschen.

136

137

136 : Une matinée d'hiver sur le Quai Sainte-Catherine. 137 : Jeux de lumières derrière des barreaux en fer forgé.

136: Winter morning at Quai Sainte-Catherine. 137: Play of colours behind forged bars.

136: Wintermorgen am Quai Sainte-Catherine. 137: Farbenspiel hinter Schmiede-Gittern.

135 : L'escalier menant à la place Sainte-Catherine.135: Stairs to Place Sainte-Catherine. 135: Treppe zur Place Sainte-Catherine.

135

138 : Le Vieux Bassin, un jour de brouillard en février. 138: Misty day in February at the Vieux Bassin. 138: Das Vieux Bassin an einem Nebeltag im Februar.

138

CREPERIE
FRUITS DE MER
CN 517931

La Maison Bleue
Café - Brasserie - Glaces
Tea-room Café Glaces Brasserie
TERRASSE CHAUFFÉE
TERRASSE CHAUFFÉE

139 : La maison Bleue sur les Cours des Fossées.
139: The Masion Bleue at Cours des Fossées.
139: Das Maison Bleue an den Cours des Fossées.

140

141

140 : Pourquoi ne pas acheter un bateau au lieu d'une maison ? 141 : Assortiment de boissons exotiques. 142 : Même à Honfleur on trouve des épices des Caraïbes. 143 : D'anciennes peintures murales dans la rue Montpensier.

140: Why not buy a ship instead of a house? 141: Choice of tropical drinks. 142: Also in Honfleur: spices from the Caribbean. 143: Old facade sign writing in Rue Montpensier.

140: Warum nicht ein Schiff statt eines Hauses kaufen? 141: Auswahl tropischer Getränke. 142: Gewürze aus der Karibik gibt's selbst in Honfleur. 143: Alte Fassadenbemalung in der Rue Montpensier.

39

142

143

144

146

144 : Certaines maisons de la rue Brûlée ont été construites au XVIIe siècle.
145 : Sandwicherie dans la rue de la République.

144: Some of the houses in Rue Brûlée date back to the 17th century.
145: Snacks offered at the Rue de la République.

144: Einige der Häuser in der Rue Brûlee (= „abgebrannte Straße“) wurden im 17. Jahrhundert gebaut.
145: Imbißstand an der Rue de la République.

145

146 : Des poulets rôtis sur le marché d'hiver.
147 : En hiver, la neige se met en scène à Honfleur.

146: Fried chicken at the winter market. 147: There is never much snow in Honfleur, but it fits well in the scenery.

146: Gebratene Hähnchen auf dem Wintermarkt. 147: Im Winter paßt ein bißchen Schnee ganz gut ins Bild.

148 : Le Vieux Bassin avec la Lieutenance en hiver. 148: The Vieux Bassin with the Lieutenance at winter time. 148: Das Vieux Bassin mit der Lieutenance im Winter.

147 148

Les marchés, le commerce et le savoir-vivre

Jadis le transit de marchandises et les activités de marché ont fait d'Honfleur une ville de commerce importante ; des biens de tout genre partaient d'ici en remontant la Seine. Le marché du samedi et les rues étroites et les places jonchées de magasins les plus divers marquent encore aujourd'hui l'image d'Honfleur. Et il n'est pas surprenant que la gastronomie joue un rôle particulier dans une telle ville. Le nombre de restaurants, bistrots et brasseries est grand. Surtout les amateurs de spécialités normandes de la mer et de la rivière y trouveront leur compte.

The markets, the trade and the relishment

In former times, movement of merchandise and market activities have turned Honfleur into a considerable trading place. From here, all kinds of goods have been shipped upstream the river Seine. Still today the setting of Honfleur is characterised by the busy Satur-day market as well as by many shops cram-med in the narrow streets and squares. Small wonder that on such a place gastronomy plays an important role: There is a wide choi-ce of restaurants, bistrots and bars. The connaisseur of Normandy food will find a number of excellent places serving sea and river specialities.

Die Märkte, die Geschäfte und das Genießen

Warenumschlag und Marktgeschehen haben Honfleur in früherer Zeit zu einer bedeutenden Handelsstadt werden lassen; von hier aus nahmen Güter aller Art die Seine aufwärts ihren Weg. Der Samstagsmarkt und die von Geschäften aller Art gesäumten schmalen Straßen und Plätze prägen auch heute noch das Bild Honfleurs, und daß an einem solchen Platz auch die Gastronomie ihre besondere Rolle spielt, nimmt nicht wunder. Die Zahl der Restaurants, Bistrots und Brasserien ist groß. Besonders finden die Genießer normannischer Köstlichkeiten aus Fluß und Meer hier eine reiche Auswahl.

149 : Au mois de juin, le marché a beaucoup à offrir. 149: What the market has to offer in June. 149: Was der Markt im Juni alles zu bieten hat.

150

150 : Un grand choix de pain et de pâtisseries. 151 : Un régal, aussi pour les yeux !

150: A wide choices of all kind of bread and pastries. 151: Eyes will be tempered as well.

150: Brot und Kuchen in großer Auswahl. 151: Das Auge ißt mit!

151

152

152 : Helen, une jeune Anglaise, vend des figurines de céramique. 152: Helen, a young English-woman, sells ceramics at the Saturday market. 152: Helen, eine junge Engländerin, verkauft ihre Keramikfiguren.

市場や商業と豪華な食事

オンフルールの街はかつて商取引や市場の販売活動が盛んで、立派な商業の場になりました。この場所であらゆる商品が船に積み込まれ、セーヌ河を上っていったのです。今日でもオンフルールの土曜市場は賑やかで、細い小道や広場に所狭しと立ち並ぶお店からもその頃の雰囲気が残されています。そこではさまざまなレストランやビストロ、そしてバーがあり、美食感がおおいに擽られ、ふらっと立ち寄るには絶好の場所です。ノルマンディの食べ物に精通した人たちは海や川の魚介類を出す素晴らしいお店をたくさん発見することでしょう。

153

153 : Les olives de Marius. 154 : Le fromage de la famille Ménard. 155 : Les saucisses du « Siffleur heureux ». 156 : Du calvados et du pommeau de maître Gribouille.

153: Olives from Marius. 154: Cheese from the Ménard family. 155: Sausages from the „merry whistler“. 156: Calvados and Pommeau from Maître Gribouille.

153: Oliven von Marius. 154: Käse von der Familie Ménard. 155: Wurst vom „fröhlichen Pfeifer“. 156: Calvados und Pommeau von Maître Gribouille.

154

155

156

157

158

159

160

161 : Le Bacaretto, rue de la Chaussée. 161: Le Bacaretto, Rue de la Chaussée. 161: Le Bacaretto, Rue de la Chaussée.

157 : La tarterie de Ghislaine et Jean-Claude Beuchers de la rue du Dauphin. 158 : La mercerie, rue Cachin. 159 : Le café des Artistes, place Berthelot. 160 : Au Blé d'Or, la boulangerie de la famille Deschamps sise rue du Dauphin.

157: Ghislaine and Jean-Claude Beuchers Tarterie in the Rue du Dauphin. 158: La Mercerie, Rue Cachin. 159: Le Café des Artistes, Place Berthelot. 160: Au Blé d'Or, the Deschamps bakery, Rue du Dauphin.

157: Ghislaine und Jean-Claude Beuchers Tarterie in der Rue du Dauphin. 158: La Mercerie, Rue Cachin. 159: Le Café des Artistes, Place Berthelot. 160: Au Blé d'Or, die Bäkkerei Deschamps, Rue du Dauphin.

161

162

163

162: Souvenir and Gift Shop at Place Hamelin. 163: Traditional corner shop, Rue de la République.
164: The vitamine specialist. 165: Monsieur Ménard, „King of cheeses". 166: Little brasserie at the Rue des Quatre Francs. 167: Marius, „King of Olives".
168: Fruits and vegetables on the Saturday market.

164

165

162 : Magasins de souvenirs et de cadeaux sur la place Hamelin. 163 : Epicerie dans le rue de la République. 164 : Le spécialiste des vitamines. 165 : Maître Ménard, le « roi du fromage ».
166 : Une petite brasserie dans la rue des Quatre Francs. 167 : Marius, le « roi des olives ». 168 : Fruits et légumes sur le marché du samedi.

166

167

162: Geschenk- und Souvenirgeschäft an der Place Hamelin. 163: Tante-Emma-Laden in the Rue de la République.
164: Spezialist für Vitamine. 165: Meister Ménard, der „Käsekönig". 166: Kleine Brasserie an der Rue des Quatre Francs.
167: Marius, der „Olivenkönig". 168: Obst und Gemüse auf dem Samstagsmarkt.

168

ANJOU
ANJOU
FREE STAR
Tomate grappe
2€40
Poires aux
2€50 Kg
Dattes Medjool 16€
Datte 7€50
Figues 7€50
ABRICOT 7€50
1Kg
Prix 1€80
SANTERRE & VERMANDOIS

170

171

169 : Coquilles Saint-Jacques : l'une des spécialités marines particulièrement alléchantes à Honfleur.
169: Scallops - one of the particularly tempting sea food specialties in Honfleur. 169: Jakobsmuscheln - eine begehrte Spezialität auf dem Fischmarkt von Honfleur.

170-174 : Aller au marché du samedi le ventre creux peut conduire à d'innombrables tentations - confitures faites maison, volailles, poisson, champignons, de nombreuses variétés de pain...

172

173

170-174: Going to the market on Saturday when hungry can end up in endless temptations - home-made jams, poultry, fish, mushrooms, many kinds of bread...

170-174: Mit hungrigem Magen am Samstag auf dem Markt einkaufen gehen, ist sehr verführerisch - hausgemachte Marmeladen, Geflügel, Fisch, Pilze, zahlreiche leckere Brotsorten...

176

175 : L'un des sympathiques restaurants à poisson. 176 : Ou préférez-vous la choucroute alsacienne ? 177 : Hervé Chamaux, le pâtissier de la rue du Dauphin… 178 : …et son vis-à-vis, le boucher Patrick Rouelle. 179 : Pas vraiment besoin de réservation en semaine.

177

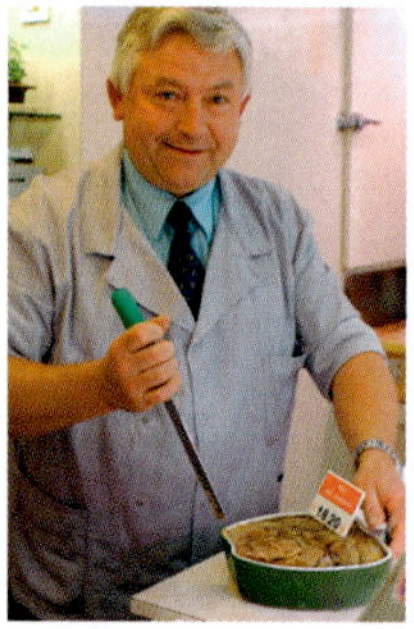

178

175: One of the cozy seafood restaurants. 176: ...or do you prefer Alsacian sauerkraut? 177: Hervé Chamaux, confectioner of Rue du Dauphin. 178: ...and Patrick Rouelle the butcher, vis-à-vis. 179: On week-days, no reservation is needed.

175: Eines der gemütlichen Fischrestaurants. 176: Oder bevorzugen Sie elsässisches Sauerkraut? 177: Hervé Chamaux, der Konditor von der Rue du Dauphin. 178: ...und sein Vis-à-vis, der Metzger Patrick Rouelle. 179: An einfachen Wochentagen müssen Sie nirgendwo reservieren.

179

180

181

180 : Le quai de la Quarantaine. 180: Quai de la Quarantaine. 180: Quai de la Quarantaine.
181 : La place de Sainte-Catherine. 181: Place de Sainte-Catherine. 181: Place de Sainte-Catherine.

182

183

182 : Un bistrot apprécié dans la rue de la République. 183 : Un casse-croûte au bord du chemin peut également faire l'affaire. 184 : Un petit-déjeuner complet sur le Quai Sainte-Catherine.

182: A popular bistrot in Rue de la République. 183: Roadside picknick, the frugal way. 184: Edifying breakfast at Quai Sainte-Catherine.

182: Ein beliebtes Bistrot in der Rue de la République. 183: Ein Imbiss am Straßenrand tut's mitunter auch. 184: Erbauliches Frühstück am Quai Sainte-Catherine.

184

185

185 : Une petite pause pour le cuisinier. 185: The chef is having a little break.
185: Kleine Pause für den Koch.

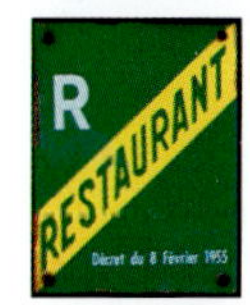

186

187

186, 187 : De vieux panneaux de licences pour les restaurateurs. 186, 187: Historic beverage and food licence plates. 186, 187: Alte Lizenzschilder für die Gastronomie.

Les artistes, les galleries et les collectionneurs

Déjà aux XVIIIe et XIXe siècles, de nombreux artistes se sont inspirés de l'atmosphère de Honfleur - et des des artistes de renom ont de leur côté beaucoup contribué, par leur travail, de faire connaître le nom de la ville à l'étranger. Surtout les impressionnistes étaient actifs à Honfleur. Une marche à travers la ville montre qu'elle est un centre français du commerce de l'art et un portail pour beaucoup de peintres et sculpteurs contemporains. Les bourses de collectionneurs, les ventes aux enchères, les expositions, les conférences et les vernissages sont tradition à Honfleur.

The artists, the galleries and the collectors

Already in the 18th and 19th century, numerous artists were inspired by Honfleur's special atmosphere - and on the other side, by their work they have contributed to the international fame of the town. The impressionalists in particular were very active here. Strolling through Honfleur, you will observe that the town is one of France's centres of art trading, an outlet for many contemporary painters and sculpturers. Collector's markets, art auctions, exhibitions, series of lectures and vernissages are held, following a tradition in Honfleur.

Die Künstler, die Galerien und die Sammler

Zahlreiche Künstler ließen sich schon im 18. und 19. Jahrhundert von der Atmosphäre Honfleurs inspirieren - und namhafte Künstler haben ihrerseits viel dazu beigetragen, durch ihr Wirken den Namen der Stadt international berühmt zu machen. Besonders die Impressionisten waren in Honfleur aktiv. Ein Gang durch die Stadt macht deutlich, daß sie ein Zentrum des Kunsthandels in Frankreich ist, ein Portal für viele zeitgenössische Maler und Bildhauer. Sammlerbörsen, Versteigerungen, Ausstellungen, Vorträge und Vernissagen haben in Honfleur Tradition.

188 : Vue sur l'avant-port d'Honfleur (Sven Arndt, 2006). 188: View on the Avant Port (Sven Arndt, 2006). 188: Blick auf den Vorhafen von Honfleur (Sven Arndt, 2006).

189 : Elle joue de la lyre toute l'année dans le parc municipal. 190 : Qui me veut ? (« Art Antic Deco », rue Brûlée).

189: She is playing the lyra in the public park throughout the year. 190: Does anyone take me away? („Art Antic Deco", Rue Brûlée).

189: Sie spielt das ganze Jahr über die Leier im Stadtpark. 190: Wer nimmt mich mit? („Art Antic Deco", Rue Brûlée).

189

190

191

192

芸術家やギャラリーと収集家達

18 世紀から 19 世紀にはすでに数々の芸術家達がオンフルール独特の雰囲気に惹き付けられていきました。また一方で彼らの作品のおかげでこの街が世界的に有名になったのでした。特に印象派の芸術家達は盛んに芸術活動に取り組みました。オンフルールを散策するとこの街がフランスにある芸術作品の取引や多くの現代的な画家や彫刻家の店が集まる中心的な街の一つであることがわかります。収集家達の売買の場、芸術品のオークション、展示会、数々の講演会や絵画展覧会がオンフルールの伝統に基づいて催されています。

191 : Les bibliophiles ne seront jamais déçus.
192 : Deux jours, six tableaux.
191: Book collectors always trace opportunities.
192: Two days, six paintings!
191: Bücher-Sammler werden immer wieder fündig.
192: Zwei Tage, sechs Bilder!

193

195

196

193 : « Monde des Collections », rue de l'Homme du Bois. 194 : Des antiquités selectionnés dans le rue des Logettes. 195 : La galerie de l'Estuaire, place Berthelot. 196 : Des musiciens de rue venus de Russie en visite à Honfleur.

193: „Monde des Collections", Rue de l'homme du Bois. 194: A top level Antique Shop in the Rue des Logettes. 195: Galerie de l'Estuaire, Place Berthelot. 196: Street musicians from Russia on a visit in Honfleur.

194

193: „Monde des Collections", Rue de l'homme du Bois.
194: Auserlesene Antiquitäten in der Rue des Logettes.
195: Galerie de l'Estuaire, Place Berthelot.
196: Straßenmusikanten aus Rußland zu Gast in Honfleur.

197

197 : Où sont les clients ? La galeriste Katia Brunner devant son magasin dans la rue du Dauphin. 197: Where are the customers? Gallery owner Katia Brunner in front of her shop in the Rue du Dauphin. 197: Wo sind die Kunden? Galeristin Katia Brunner vor ihrem Geschäft in der Rue du Dauphin.

198

198 : La médiathèque ultra-moderne propose livres, revues, ainsi que les médias récents tels que les DVD et les CD-Rom. 198: The futuristic Mediathèque offers books, magazines and all modern media like DVD and CD-Rom. 198: Die futuristische Médiatheque bietet Bücher, Zeitschriften und alle modernen Medien bis DVD und CD-Rom.

199

200

199 : Une figurine dans la musée ethnographique. 200 : Une sculpture dans le Jardin Retrouvé. 201 : « Josepha » dans la galerie d'art du Vieux Honfleur, rue du Dauphin. 202 : « Les Moulières » de Jean Marc de Pas dans le centre d'Honfleur.

199: Figure on display in the Ethnographic Museum. 200: Sculpture in the Jardin Retrouvé. 201: Meet „Josepha" in the Galerie d'Art du Vieux Honfleur, Rue du Dauphin. 202: Mussel collecting women: the memorial „Les Moulières" (Jean Marc de Pas) in the centre of Honfleur.

199: Figur im Ethnographischen Museum. 200: Skulptur im Jardin Retrouvé. 201: „Josepha" in der Galerie d'Art du Vieux Honfleur, Rue du Dauphin. 202: Bronzeskulptur „Les Moulières" des Bildhauers Jean Marc de Pas im Zentrum Honfleurs unweit der Mediathek.

201

202

203 : De joyeux graffitis dans la rue de la Foulerie. 204 : Pierre tombale d'une personnalité du XIXe siècle. 205 : L'artiste et l'architecte Samuel Mercier ; il inventa la BD « Rabbits ». 206 : Collection de poupées sur le marché aux puces. 207 : Honfleur, la ville des peintres.

203: Joyful graffiti in the Rue de la Foulerie. 204: The tombstone of a 19th century's personality. 205: Artist and architect Samuel Mercier ; he invented the comic series „Rabbits". 206: Dolls collection on the fleamarket. 207: Honfleur - painters' favourite place.

203: Fröhliche Graffiti in der Rue de la Foulerie. 204: Grabstein einer Persönlichkeit des 19. Jahrhunderts. 205: Künstler und Architekt Samuel Mercier; er erfand die Comic-Serie „Rabbits". 206: Puppen-Kollektion auf dem Flohmarkt. 207: Honfleur, die Stadt der Maler.

203

204

205

206

207

208

208 : Quand je serais grand, je serais peintre ! 208: Should I become a painter one day, too? 208: Maler - wäre das vielleicht ein Beruf für mich?

210

211

210 : La nef droite de l'église Sainte-Catherine. 210: The right hand nave of the church Sainte-Catherine. 210: Das rechte Schiff der Kirche Sainte-Catherine.

211 : Déjà au moyen-âge, les routes vers l'Ouest étaient des places de commerce vivantes. 211: Already in the middle-ages the roads to the west were busy commercial places. 211: Die Ausfallrouten nach Westen waren schon im Mittelalter belebte Geschäftsstraßen.

212 : Une excellente cuisine compense la vue sur le port manquante. 212: An excellent cuisine compensates for missing harbour view. 212: Besonders gute Küche gleicht den Verzicht auf Hafenblick aus.

212

209 : Aujourd'hui comme hier, des artistes du monde entier viennent à Honfleur. 209: Artists from all over the world visit Honfleur ever since. 209: Nach wie vor kommen Künstler aus aller Welt nach Honfleur.

213

Le temps libre, les loisirs et les vacances

Des vacances à Honfleur, pour quelques semaines ou juste pour un week-end - cela ne signifie pas seulement du plaisir aux skippers auxquels s'ouvre le district de la Mer de la Manche, de la Mer du Nord jusqu'à l'Océan atlantique. Le canton d'Honfleur, le Pays d'Auge tout entier et bien sûr la ville elle-même, avec son charactère spécifique, ses musées, ses parcs soignés et sa large plage juste devant ses portes sont des garanties contre l'ennui. Les enfants aussi peuvent s'amuser : le manège ancien est ouvert durant toute la saison des vacances.

Leisure time, enjoyment and holidays

Spending some holiday weeks in Honfleur or coming over for a week-end only - it means enjoyment not exclusively for yachting people for whom the Seine estuary opens its scope stretching into the Channel from the North Sea to the Atlantic. The Honfleur canton, the Pays d'Auge region and of course the charming town itself with its character, museums, well cared-for parks and extensive beach at the front door will never make you feel bored. Children enjoy Honfleur in their own way: During the full holiday season the historical merry-go-round is in operation.

Die Freizeit, das Vergnügen und die Ferien

Urlaub in Honfleur, ein paar Wochen oder nur übers „week-end" - das bedeutet nicht nur für Yachtleute ein Vergnügen, denen sich vor der Seine-Mündung das ausgedehnte Revier des Ärmelkanals von der Nordsee bis zum Atlantik erstreckt. Der Kanton Honfleur, das gesamte Pays d'Auge und natürlich die liebenswerte Stadt selbst mit ihrem Gepräge, ihren Museen, ihren gepflegten Parks und ihrem weitläufigen Strand unmittelbar vor der Tür lassen die Zeit niemals lang werden. Für Kinder ist besonders gut gesorgt: Das historische Karussell ist während der ganzen Feriensaison in Betrieb.

レジャーのひとときと楽しみや祝日

数週間の休日をオンフルールで過ごしたり週末だけ訪れたりするのは決して北海から大西洋に続く運河に広がるセーヌ河口に集まりヨットを楽しむ人々だけのものではありません。オンフルールの小郡ペイ・ドージュ（Pays d' Auge）の地域やその地方の特色を紹介する博物館や公園、そしてドアを開けたら目の前に広がる広大なビーチなどがあるその街自体がとても楽しみ溢れる観光地です。子供達はオンフルールをまた違った方法で楽しみます。例えば休暇時期はずっと運営されている歴史的にも有名なメリーゴーランドなど。

213 : Le manège historique d'Honfleur est l'une des attractions en été.
213: Honfleur's historic merry-go-round is one of the summer attractions.
213: Das historische Karussell ist eine der Sommerattraktionen Honfleurs.

214 : Garçon jouant au « gameboy » sur la place du marché. 215 : La semaine de l'humour : l'embouchure de la Seine en rires. 216 : Ce sont la plage et le soleil qui rendent l'été si beau.

214: Fascinated by gameboy entertainment. 215: The Seine estuary from its humerous side. 216: Sun and sea - what else do you need in summer?

214

215

214: Junge mit Gameboy auf dem Marktplatz. 215: Woche des Humors: Die Seinemündung lacht! 216: Strand und Sonne machen den Sommer erst schön.

216

217 : Beaucoup de brasseries se sont spécialisées en fruits de mer. 218 : Une flotte de canots pneumatiques attend dans l'écluse menant à l'avant-port. 219 : Où est-ce que nous amarrons, capitaine ? 220 : Station d'essence historique avec son « gérant ».

217: Many bars specialize in Normandy sea food. 218: A fleet of sports rafts in the lock leading to the Avant Port. 219: Where shall we moore, captain? 220: Historical petrol station with his „attendant“.

217: Meeresfrüchte von der Küste gibt's hier überall. 218: Schlauchboot-Flotille in der Schleuse am Vorhafen. 219: Wo sollen wir anlegen, Käpt'n? 220: Kostümfest: historische Tankstelle mit ihrem „Kassenwart“.

217

218

219

220

221

221 : La plage d'Honfleur n'est jamais surpeuplée. 222 : Il y a toujours quelqu'un pour vous divertir. 223 : En décembre se tient la fête de Sainte-Catherine.

221: The Honfleur beach is never crowded. 222: There is always someone to entertain you. 223: Every year in December the Sainte-Catherine Fair takes place.

221: Der Strand Honfleurs ist niemals überfüllt. 222: Für Unterhaltung ist immer gesorgt! 223: Jedes Jahr findet im Dezember die Katharinen-Kirmes statt.

222

223

224

224 : Pique-nique dans un parc paridisiaque.224: Picknick in the paradise-like park.224: Picknick in einem paradiesisch anmutenden Park.

3070 TH 80
MICKEY

226

227

225 : Il y a beaucoup de passionnés pour la « Deudeuche » en France. 225: Still highly favoured in France: the Citroën 2 CV. 225: Die Citroën-„Ente" hat vor allem in Frankreich eine riesige Fangemeinde.

228

226 : A vendre : un scooter Vespa des années 50. 227 : Des panneaux partout ! 228 : Ici on mange bien pour peu d'argent. 229 : Une Citroën Ami 6 des années soixante bien conservée.

226: To sale: a Vespa scooter from the fifties. 227: Keep off - motorcycle exit. 228: Here you'll get good food for little money. 229: A well kept Citroën Ami 6 from the sixties.

226: Vespa-Roller der 50er Jahre auf einem Flohmarkt. 227: Schilder gibt's reichlich! 228: Hier ißt man gut für wenig Geld. 229: Ein gepflegter Citroën Ami 6 aus den Sechzigern.

223

225

Le patrimoine, la tradition et l'histoire

Honfleur est l'une des rares villes du Nord de la France qui est capable de mettre en valeur une grande partie de son patrimoine historique dans son état d'origine. Les témoins des temps passés sont la Lieutenance, les vieilles églises, les nombreuses rues, ruelles et maisons anciennes. De nombreux Honfleurais ont été immortalisés dans le Jardin des Personnalités. Et lorsque les grandes festivités comme la Pentecôte, le 14 juillet ou le jour des pêcheurs de crevettes à la fin septembre ont lieu, cette ambiance festive et joyeuse qui a fait la réputatiuon d'Honfleur pendant des siècles se communique également au visiteur.

The heritage, the tradition and the history

There are not many towns in northern France being able to offer a great deal of their historical heritage so clearly like Honfleur. Witnesses of ancient times are the Lieutenance, the old churches, the old streets and lanes and houses. Busts of many prominent Honfleurians can be found in the Jardin des Personnalités. And when big local festvities are going to take place, like on Whitsun, on July 14 or on the crab fishermen's day at the end of September, the gay atmosphere also takes over to visitors to Honfleur, as it used to be hundreds of years ago.

Das Erbe, die Traditionen und die Geschichte

Honfleur gehört zu den wenigen Städten in Nordfrankreich, die einen großen Teil ihres geschichtlichen Erbes unverfälscht darbieten können. Zeugen alter Zeiten sind die Lieutenance, die historischen Kirchen, die vielen alten Straßen, Gassen und Häuser. Viele prominente Honfleurianer hat man im Jardin des Personnalités verewigt. Und wenn die großen Feierlichkeiten wie zu Pfingsten, am 14. Juli oder Ende September am Tag der Krabbenfischer anstehen, teilt sich auch dem Besucher die festlich-fröhliche Stimmung mit, für die Honfleur schon vor Hunderten von Jahren bekannt war.

230 : Le vieux clocher en bois de Sainte-Catherine est également un musée.
230: The old wooden Sainte-Catherine bell tower is also a museum.
230: Der alte hölzerne Kirchturm von Sainte-Catherine ist zugleich ein Museum.

231 : Le clocher de Sainte-Catherine a été construit au XVe siècle.
231: The bell tower of Sainte-Catherine was built in the 15th century.
231: Der Kirchturm von Saint-Catherine stammt aus dem 15. Jahrhundert.

232 : Il y en a toujours un pour marcher à contre-courant. ***232: Why does someone always have to march the opposite way?*** *232: Einer geht immer in die falsche Richtung...*

30

231

232

遺産や伝統と歴史的記念物

オンフルールほど歴史的遺産物に豊富な街はフランス北部にはそう多くありません。リュテナンス(Lieutenance)、古い教会や通り、そして路地や家並みから古代の面影が垣間見ることができます。そしてオンフルール出身の著名人は著名人の庭「ジャダン・デ・パーソナリテーテ(Jardin des Personnalités)」で会えることでしょう。聖霊降誕祭、7 月 14 日、そして 9 月末の海老祭りの日などには地元の大きなお祭りが開かれ、何百年前と同じようにオンフルールを訪れる観光者も陽気な雰囲気に包まれます。

233 : Façade de l'église St.-Léonard (XIVe-XVIIIe siècle). 234 : Le musée ethnographique. 235 : La rue des petites boucheries (où sept bouchers avaient autrefois leurs magasins). 236 : La vieille prison.

233: Façade of church Saint-Léonard (14th-18th century). 234: Honfleur's ethnographical museum is worth a visit. 235: Rue des petites boucheries (in which seven butchers once had their premises). 236: The old town prison.

234

235

236

233: Fassade der Kirche Saint-Léonard (14.-18. Jhd.). 234: Das Ethnografische Museum lohnt einen Besuch! 235: Rue des petites Boucheries (in der einst sieben Metzger ihre Läden hatten). 236: Blick ins alte Stadtgefängnis von Honfleur.

237 : L'église Saint-Léonard côté sud avec le monument aux morts sur le Quai Lepaulmier, qui, autrefois, était installé sur le port.

237: Saint-Léonard church, seen from the south, with the warriors' memorial at the Quai Lepaulmier which once stood close to the harbour.

237: Die Kirche Saint-Léonard von der Südseite mit dem Kriegerdenkmal am Quai Lepaulmier, das einst am Hafen seinen Platz hatte.

237

239

240

241

238 : Le quai Sainte-Catherine - une vue un peu différente. 238: Quai Sainte-Catherine in a different view. 238: Quai Sainte-Catherine - einmal anders gesehen.

239 : La fontaine des « Moulières ». 240 : La façade de la médiathèque. 241 : Le buste de Samuel de Champlain, fondateur de Québec. 242 : La Lieutenance.

239: The fountian of the mussel collecting women. 240: The facade of the Médiathèque. 241: Bust of Samuel de Champlain, founder of Quebec/Canada. 242: La Lieutenance.

239: Der Brunnen der Muschelsammlerinnen. 240: Die gläserne Fassade der Médiathèque. 241: Büste des Samuel de Champlain, Gründer von Quebec. 242: Detail der Lieutenance.

242

243

244

245

246

243 : L'église Sainte-Catherine. 244 : Le pavillon Notre-Dame-de-Grâce. 245 : Les cloches de Notre-Dame-de-Grâce. 246 : Le cimetière Saint-Léonard.

243: Church Sainte-Catherine. 244: Pavillon Notre-Dame-de-Grâce. 245: Detached bellfry of Notre-Dame-de-Grâce. 246: Churchyard Saint-Léonard.

243: Kirche Sainte-Catherine. 244: Pavillon Notre-Dame-de-Grâce. 245: Freistehender Glockenstuhl Notre-Dame-de-Grâce. 246: Friedhof Saint-Léonard.

247

248

247, 248 : Vitraux de Sainte-Catherine et de Saint-Léonard portant des peintures anciennes. 249 : La chapelle Notre-Dame-de-Grâce sur le Mont-Joli.

247, 248: Church-windows in Sainte-Catherine and Saint-Léonard with historical paintings. 249: Chapel Notre-Dame-de-Grâce, Mont-Joli.

247, 248: Kirchenfenster Sainte-Catherine und Saint-Léonard mit historischer Glasmalerei. 249: Die Kapelle Notre-Dame-de-Grâce am Mont-Joli.

249

250 : La parade traditionelle des enfants se tient le lundi de Pentecôte. 250: The traditional childrens' pilgrimage at Whitsun. 250: Traditioneller Umzug der Kinder von Honfleur am Pfingstmontag.

251 : Les jeunes pompiers volontaires. 251: Fire brigade girls. 251: Mädels der Jugendfeuerwehr.

251

252

253

254

252 : ...mais non, je n'ai pas mal aux pieds ! 253 : En direct, c'est toujours mieux que sur CD ! 254 : Même si ce n'est pas une samba, l'ambiance est quand même au rendez-vous.

252: My feet don't hurt yet... 253: Live is better than CD! 254: Following heritage traditions does not exclude merry worldliness.

252: ... meine Füße tun aber nicht weh! 253: Live ist doch besser als CD. 254: Auch wenn es kein Samba ist - es wird mitmarschiert.

GALERIE CHAYE
COUR
RONCHEVILLE

256: Gréniers à Sel, die alten Salzdepots der Stadt. 257: Denkmal für den Literaten Albert Sorel. 258: Historische Gebäude in der Rue des Prés. 259: Das Haus des Malers Alexandre Dubourg, Rue de la Ville.

256

257

255 : Le manoir de Roncheville, autrefois résidence du Gouverneur. 255: The Manoir de Roncheville, ancient residence of the Governor. 255: Das Manoir de Roncheville, einst Sitz des Gouverneurs.

258

256 : Les anciens greniers à sel de la ville. 257 : Buste en mémoire de l'écrivain Albert Sorel. 258 : Bâtiments historiques dans la rue des Prés. 259 : La maison du peintre Alexandre Dubourg, rue de la Ville.

256: Gréniers à Sel, the old salt depots of the town. 257: The Albert Sorel monument. 258: Historic buildings in the Rue des Prés. 259: The house in which the painter Alexandre Dubourg lived; Rue de la Ville.

259

*261 : Charpente du lavoir de la rue de la Foulerie.
262 : Escalier devant la Lieutenance.
263 : Vue sur l'avant-port.*

*261: Framework of the public washing house in Rue de la Foulerie. 262: Stairs to the Lieutenance.
263: View of the Avant Port.*

*261: Dachkonstruktion des Waschhauses an der Rue de la Foulerie. 262: Aufgang zur Lieutenance.
263: Blick auf den Avant Port.*

261

262

263

260 : L'impressionnant pont de Normandie, construit entre 1988 et 1995, mesure 2143 m de long, 215 m de haut et 24 m de large. 260: The impressive Pont de Normandie, built between 1988 and 1995, is 2143 m long, 215 m high and 24 m wide. 260: Die zwischen 1988 und 1995 erbaute Pont de Normandie, 2143 m lang, 215 m hoch, 24 m breit.

260

265

264 : L'un des emblèmes d'Honfleur est le vieux clocher en bois de Sainte-Catherine. 265 : Le cimetière Saint-Léonard. 266 : L'ancienne maison du sonneur de cloche qui, autrefois, était un bar. 267 : Momento mori : le cimetière de Sainte-Catherine.

266

267

264: One of the Honfleur landmarks is the old wooden bell tower of Sainte-Catherine. 265: Saint-Léonard church yard. 266: The old bell-ringers house which had once been a pub. 267: Momento mori: Sainte-Catherine church yard.

264: Ein Wahrzeichen Honfleurs ist der alte hölzerne Kirchturm von Sainte-Catherine. 265: Friedhof Saint-Léonard. 266: Das ehemalige Wohnhaus des Küsters, das zeitweise einmal eine Kneipe war. 267: Momento mori: Friedhof Sainte-Catherine.

264

268-270 : Vous ne pouvez pas vous perdre en venant à Honfleur : il suffit de suivre les panneaux, les quelques clochers, et l'attraction d'une ville unique. 271 : Décorations de la Pentecôte devant les deux nefs de Sainte-Catherine.

269

268

270

268-270: You can't get lost on your way to Honfleur - just follow road signs, church towers or that indescribable magnetism... 271: Whitsun decoration in front of the two naves of the Sainte-Catherine church.

268-270: Honfleur ist nicht zu verfehlen: Als Wegweiser dienen Schilder, einige Kirchtürme und nicht zuletzt die Anziehungskraft einer einzigartigen Stadt. 271: Pfingstlicher Fahnenschmuck an den beiden Kirchenschiffen von Sainte-Catherine.

271

272

272 : Vue de la ville depuis le Mont-Joli. En arrière-plan, le pont de Normandie, un des plus longs ponts du monde. Le pont à péage permet de relier Honfleur, la Basse-Normandie et l'Ouest français à la Haute-Normandie, au Havre et au Nord.
272: Looking over the town from Mont-Joli. In the bakkground the Pont de Normandie, one of the longest bridges of the world. The toll bridge links Honfluer, the Basse-Normandie and the French West to the Haute-Normandie, Le Havre and the North.
272: Blick auf die Stadt vom Mont-Joli aus. Im Hintergrund die Pont de Normandie, eine der längsten Brücken der Welt. Das mautpflichtige Bauwerk verbindet Honfleur, die Basse Normandie und den französischen Westen mit der Haute Normandie, Le Havre und dem Norden.

Epilogue
Epilogue
Nachwort

Honfleur m'a fasciné dès ma première visite ; c'était pendant l'été 1997. Depuis, j'ai toujours réussi à m'arranger, pendant mes nombreux voyages à travers la France, pour faire un arrêt à Honfleur, parfois une journée seulement, parfois pour plus longtemps. En 2004 s'offrit à moi l'opportunité, pour plusieurs raisons, de m'établir en France de manière plus durable. Que le choix de mon domicile tombe sur Honfleur et non sur une ville à l'intérieur des terres fut pour cela presque une évidence.

L'élaboration de ce livre m'a apporté beaucoup de plaisir. Pendant ce temps, j'ai tenté d'exprimer ma sympathie envers Honfleur, de documenter la beauté de cette ville en images et de retenir quelques informations intéressantes dans un texte volontairement bref. Mon but n'était pas d'éclairer dans tous ses détails l'histoire indéniablement intéressante d'Honfleur. De même, ce livre ne devait pas devenir un guide de voyage. Il m'importait plutôt de porter aux mains des personnes venant visiter annuellement par centaines de milliers et de tous les coins du monde ce petit coin pittoresque à l'embouchure de la Seine un souvenir durable, d'autant plus qu'une telle publication n'existait pas jusqu'à maintenant.

Afin de s'adresser à un public international le plus large possible, ce livre a été édité en quatre langues et dont la nouveauté est qu'il comporte également une traduction en japonais. Celui qui a appris à connaître Honfleur avec ses rues anciennes, son port romantique, toutes ses petites particularités et son charme à la française, aura envie de revenir, surtout si un livre comme celui-ci en a maintenu le souvenir vivant.

Je tiens à remercier tout particulièrement mon collègue Hans-Jürgen Schneider, travaillant en tant qu'auteur et éditeur, ainsi que sa famille, qui habite depuis un 1995 un corps de ferme en Normandie et qui m'a à beaucoup de points de vue facilité la décision de m'établir dans la même région. La réalisation de ce livre, je la leur dois, mais également à beaucoup d'habitants d'Honfleur qui m'ont dès le début donné le sentiment, de par leur sympathie chaleureuse, d'être le bienvenu.

Since my first visit to Honfleur in 1997 I have been fascinated by this place. On my following journeys to France, I have tried to put Honfleur on my itinerary as often a possible, if only for a day, sometimes more. When in 2004 I had the opportunity to drop an anchor to the ground in France for a longer period, I preferred Honfleur, of course, to any other place in the centre of the country.

Compiling this book was both a challenge and pleasure for me. I have tried to express my affection for Honfleur, to documentate the particulars of the town and to put down some noteworthy details. However, I would like to point out that it was not my intention to record the complete and most remarkable history of Honfleur, nor to draw up a travel guide. My aim was to offer a souvenir of enduring value to the visitors from many countries coming to this pittoresque place at the Seine estuary every year in great numbers, the more so as there was no comparable book on the market yet. To reach the international public, the text is four-fold including Japanese which can claim to be a novelty.

Those who had the opportunity to discover Honfleur and its historic streets, the romantic old harbour, the great number of particulars and not to forget the charming way of life of the French, will certainly come back one day. Meanwhile, this book may help keeping the remembrance awake...

I am very grateful to Hans-Jürgen Schneider, being an author and publisher, living with his family on a Normandy Estate since 1995, and who in many ways seconded my idea of settling in this region. He supported this book project as well as many people in Honfleur did who, with their great cordiality and openmindedness, made me feel at home in their town from the beginning.

Honfleur hat mich schon bei meinem ersten Besuch fasziniert; das war im Sonnner 1997. Seitdem habe ich es immer wieder einrichten können, im Rahmen meiner zahlreichen Reisen durch Frankreich in Honfleur Station zu machen, manchmal nur für einen Tag, gelegentlich auch länger. 2004 bot sich mir aus mehreren Gründen die Gelegenheit, mich in Frankreich etwas dauerhafter zu etablieren. Daß die Wahl meines Domizils auf Honfleur statt auf einen Ort in der Landesmitte fiel, war daher schon beinahe selbstverständlich.

Die Arbeit an diesem Buch hat mir viel Freude gemacht. Dabei habe ich versucht, meine Sympathie zu Honfleur zum Ausdruck zu bringen, die Schönheit dieser Stadt bildlich zu dokumentieren und im bewußt knapp gehaltenen Text einiges an Wissenswertem festzuhalten. Meine Absicht war weniger, die zweifellos interessante Geschichte von Honfleur in allen Details zu beleuchten. Auch sollte das Buch kein Reiseführer werden. Vielmehr kam es mir darauf an, den Menschen aus aller Herren Länder, die diesen malerischen Flecken an der Seinemündung jedes Jahr zu Hunderttausenden besuchen, ein Souvenir von bleibendem Erinnerungswert in die Hand zu geben, zumal es eine vergleichbare Publikation bisher nicht gab. Um ein möglichst breites internationales Publikum anzusprechen, wurde dieses Buch viersprachig ausgelegt, wobei es ein Novum darstellt, daß auch eine Übersetzung ins Japanische enthalten ist. Wer Honfleur mit seinen historischen Straßenzügen, dem romantischen Hafen, den vielen kleinen Besonderheiten und dem typisch französischen Charme einmal kennengelernt hat, wird sicher gerne wiederkommen, vor allem dann, wenn ein Buch wie dieses die Erinnerung wach gehalten hat.

Zu großem Dank bin ich meinem als Autor und Verleger tätigen Kollegen Hans-Jürgen Schneider und seiner Familie verpflichtet, die seit 1995 ein Landgut in der Normandie bewohnen und mir die Entscheidung, mich in der gleichen Region niederzulassen, in vieler Hinsicht leicht gemacht haben. Daß dieses Buch entstehen konnte, habe ich ihnen, aber nicht zuletzt auch zahlreichen Bürgern Honfleurs zu verdanken, durch deren herzliche Zuwendung ich von Anfang an das Gefühl vermittelt bekam, willkommen zu sein.

Halwart Schrader
Honfleur, im Frühjahr 2007

273

273 : Halwart Schrader, passionné de Honfleur et l'auteur de cette oeuvre.
273: Halwart Schrader, Honfleur enthusiast and author of this book.
273: Halwart Schrader, Honfleur-Enthusiast und Autor dieses Buchs.

Les bonnes adresses 1 : les hôtels

The good addresses 1: the hotels

Gute Adressen 1: die Hotels

LA FERME SAINT-SIMEON**** rue Adolphe Marais ; Tél. 02 31 81 78 00 ; Fax 02 31 89 48 48 ; www. fermesaintsimeon.fr ; accueil@fermesaintsimeon.fr

LE MANOIR DU BUTIN**** Phare du Butin ; Tél. 02 31 81 63 00 ; Fax 0231 89 59 23 ; www.hotel-lemanoir.fr ; accueil@hotel-lemanoir.fr

L'ABSINTHE*** 1, rue de la Ville ; Tél. 02 31 89 23 23 ; Fax 0231 89 53 60 ; www.absinthe.fr ; reservation@absinthe.fr

CASTEL ALBERTINE*** 19, cours Albert Manuel ; Tél. 0231 98 85 56 ; Fax 0231 98 83 18 ; www.honfleurhotels.com ; info@honfleurhotels.com

LE CHEVAL BLANC*** 2, quai des Passagers ; Tél. 02 31 81 65 00 ; Fax 02 31 89 52 80 ; www. hotelhonfleur.com ; lechevalblanc@wanadaoo.fr

LA DILIGENCE*** 53, rue de la République ; Tél. 02 31 14 47 47 ; Fax 02 31 98 83 87 ; www. honfleur.com ; hotel.diligence@honfleur.com

L'ECRIN*** 19, rue Eugène Boudin ; Tél. 02 31 14 43 45 ; Fax 02 31 89 24 41 ; www.honfleur.com ; hotel.ecrin@honfleur.com

HOTEL DE LA TOUR*** 3, quai de la tour ; Tél. 02 31 89 21 22 ; Fax 02 31 89 53 51 ; www. hoteldela tourhonfleur.com ; hoteldelatourhonfleur@wanadoo.fr

HOTEL DES LOGES*** 18, rue Brûlée ; Tél. 02 31 89 38 26 ; Fax 02 31 89 42 79 ; www.hoteldesloges.com

LA MAISON DE LUCIE*** 44, rue des Capucins ; Tél. 02 31 14 40 40 ; Fax 02 31 14 40 41 ; info@ lamaisondelucie.com ; www.lamaisondelucie.com

LES MAISONS DE LEA*** Place Sainte-Catherine ; Tél. 02 311 14 49 49 ; Fax 02 31 89 28 61 ; www.les maisonsdelea.com ; contact@lesmaisonsdelea.com

MERCURE*** 4, rue des Vases; Tél. 02 31 89 50 50 ; Fax 02 31 89 58 77 ; H0986@accor.com

AUBERGE DE LA CLAIRE** 77, cours Albert Manuel ; Tél. 02 31 89 05 95 ; Fax 02 31 89 11 37 ; auberge.de.la.claire@wanadoo.fr

LE BELVÉDÈRE** 30, route Emile Renouf ; Tél. 02 31 89 08 13 ; Fax 02 31 89 51 50 ; www. hotel-belvedere-honfleur.com ; carole.anquetile@libertysurf.fr

HOTEL DU DAUPHIN** 10, place Pierre Berthelot ; Tél. 02 31 89 15 53 ; Fax 02 31 89 92 06 ; http:// hoteldudauphin.com ; info@hoteldudauphin.com

FERME DE LA GRANDE COUR** Côte de Grace/ Mont Joli ; Tél. 02 31 89 04 69 ; Fax 02 31 89 27 29; www.fermedelagrandecour.com ; fermedelagrandecour@wanadoo.fr

HOTEL DU COL VERT 26, rue des Quatre-Francs ; Tél. 02 31 89 06 23

HOTEL IBIS** cours Jean de Vienne ; Tél. 02 31 14 01 20; Fax 02 31 14 01 05 ; www.ibishotel.com ; H5645@accor.com

HOTEL MONET** charrière de Puits ; Tél. 02 31 89 00 90 ; Fax 02 31 89 97 16 ; www.motelmonet.fr ; motelmonet@wanadoo.fr

KYRIAD** 62 cours Albert Manuel ; Tél. 02 31 89 41 77; Fax 02 31 89 48 09 ; kyriad-honfleur@free.fr

HOTEL OTELINN** 62 cours Albert Manuel ; Tél. 02 31 89 41 77 ; Fax 02 31 89 48 09

AUBERGE DE LA CLAIRE 77, cours Albert Manuel ; Tél. 02 31 89 05 95

LES CASCADES 17, place Thiers ; Tél. 02 31 89 05 83 ; Fax 02 31 89 32 13

ETAP HOTEL 2, rue des Vases; Tél. 08 92 68 07 81 ; Fax 02 31 89 77 88 ; www.etap-hotel.com

BRASSERIE L'EX VOTO 8, place Albert Sorel ; Tél. 02 31 89 19 69

LE TILBURY 28/30 place Hamelin ; Tél. 02 31 89 83 33 ; Fax 02 31 98 85 06 ; www.hotel-tilbury.com

Les bonnes adresses 2 : les restaurants, bistrots et cafés à Honfleur, compilés par l'auteur

The good addresses 2: Restaurants, pubs and cafés in Honfleur, compiled by the author

Gute Adressen 2: Restaurants, Bistros und Cafés in Honfleur, zusammengestellt vom Autor

AU BOUILLON NORMAND 7, rue de la Ville ; Tél. 02 31 89 02 41 ; Spécialités: Croustillard d'Andouille, Tripes à la mode de Caen ; Speciality: Crisp-fried tripe, tripe à la mode de Caen; Spezialität: Croustillard d'Andouille, Tripes à la mode de Caen.

AU CHALOUTIER 96, quai Sainte-Catherine ; Tél. 02 31 89 14 99 ; Spécialités de la mer, sandwiches, kébab ; Seafood specialties, sandwiches, kebab; Meeresspezialitäten, Sandwiches, Kebab.

AU GARS NORMAND 8, quai des Passagers ; Tél. 02 31 89 05 28 ; Spécialités: Poisson et fruits de mer ; Fish and many seafood specialities; fangfrische Meeres-Spezialitäten.

AU NELLY'S 14, place de la Porte de Rouen ; Tél. 02 31 89 45 56 ; Cuisine régionale à prix raisonnable ; Reasonably priced regional food, fine Kirs; preiswerte einheimische Küche

AU P'TIT MAREYEUR 4, rue Haute ; Tél. 02 31 89 99 32 ; Spécialités: Fruits de mer et poisson dans une ambiance de style ; Seafood and fish courses in stylish ambience; Meeresfrüchte und Fischgerichte in stilvollem Ambiente.

AU VIEUX HONFLEUR 13, quai Saint-Etienne ; Tél. 02 31 89 15 31 ; Spécialités régionales ; Selected local food, exquisite ambience; gepflegte regionale Küche.

AUBERGE DE LA CLAIRE 77, cours Albert Manuel ; Tél. 02 31 89 05 95 ; Spécialités: Steaks et entrecôtes, carte de vins remarquable ; Selected local food, exquisite ambience; Steaks, Entrecôtes, interessante Weinkarte; etwas außerhalb gelegen.

AUBERGE DU VIEUX CLOCHER 9, rue de l'Homme de Bois ; Tél. 02 31 89 12 06 ; Cuisine française de haute gamme ; Very good French cuisine for high expectations; sehr gute französische Küche für hohe Ansprüche.

AUX OISEAUX DE MER rue des Quatre-Francs ; Tél. 02 31 89 11 62 ; Spécialités normandes ; Plain cooking in the Norman way; normannische Küche.

À SAINT-LÉONARD 14 rue St.-Léonard ; Bar, Café, bière belge à la pression ; Bar, cafe, Belgian beer on draught; Bar-Tabac, Café, belgisches Bier vom Faß.

BACARETTO 44, rue de la Chaussée ; Tel. 02 31 14 83 11 ; Spécialités individuelles de casse-croute, grands vins ; Individual, creative snacks, selection of first-class wines; individuelle, kreative Imbiß-Spezialitäten; Auswahl erstklassiger Weine.

BISTRO DES ARTISTES place Berthelot ; Tel. 02 31 89 95 90 ; ménus simples, ambiance artistique ; Cafe, plain lunch menu, an artists' place; Café, einfache Mittagskarte, Künstleratmosphäre.

BISTRO A CRÊPES 1, quai des Passagers; Tel. 02 31 89 74 96 ; Toutes variétés de crêpes et gaufres ; Pancakes and wafers in many varieties; Crêpes und Waffeln in allen Variationen.

BOUCHON D'HONFLEUR 14, place Sainte-Catherine ; Tel. 02 31 88 84 93 ; Cuisine normande maison ; Plain cooking in the Norman way, home-made deserts; gute normannische Küche, hausgemachte Desserts.

BRASSERIE L'EX VOTO 8, place Albert Sorel ; Tel. 02 31 89 19 69 ; Plat du jour, bière à la pression ; Plain food, low priced platter-of-the-day, beer on draught; einfache Küche, preiswerte Tageskarte, Bier vom Faß.

BRASSERIE LE WEEK-END 3, cours des Fossés ; Tel. 02 31 89 42 76 ; Salon de thé, glaces, crêpes, casse-croute ; Teas, ice cream specialities, pancakes, snacks; Tee-Salon, Eisspezialitäten, Crêpes, Snacks.

CAFÉ DE L'HÔTEL DE VILLE place de l'Hôtel de Ville ; Tel. 02 31 89 07 29 ; Spécialités de la mer, côtes d'agneau, grand choix de boisson ; Seafood specialities, lamb cutlets, well-assorted bar; Spezialitäten aus dem Meer, Lammkoteletts, gut sortierte Bar.

CAFÉ DE PARIS 2, quai des Passagers, Tel. 02 31 89 33 44 ; Cuisine normande, ambiance traditionelle ; Traditional restaurant, classic Normandy cooking; Traditions-Restaurant, klassische Normandie-Küche.

CAFÉ BRASSERIE STE. CATHERINE quai Sainte-Catherine ; Tél. 02 31 89 36 79 ; Poissons, moules, crêpes bien assorties ; Wide selection of fish platters, mussels, pancakes; Fisch, Muscheln, Crêpes in großer Auswahl.

CAFÉ ET BRASSERIE DU PORT rue Haute ; Tél. 02 31 89 29 13 ; Spécialités : fruits de mer, poissons ; Seafood specialities, fish in many varieties; Meeresfrüchte, Fischspezialitäten.

CAFÉ DU PORT 20, quai Sainte-Catherine ; Tél. 02 31 89 05 34 ; Spécialiste réputé de la cuisine maritime ; Well-known specialist for all kinds of seafood; bekannter Spezialist für alles, was aus dem Meer kommt.

CARPANO 20, rue des Vases ; Tél. 02 31 89 22 33 ; Pizzeria à l'italienne ; Pizzeria in the classic Italian way; klassische Pizzeria im italienischen Stil.

CHEZ LAURETTE place Hamelin ; Tél. 02 31 98 84 83 ; Première adresse en cuisine maritime ; Number One address for mussels and seafood; erste Adresse für Muscheln und Meeresfrüchte.

ENTRE TERRE ET MER 12/14, place Hamelin ; Tél. 02 31 89 70 60 ; Spécialité de la mer haute gamme ; Exquisite seafood specialities, high standard; ausgesuchte Meerespezialitäten, hoher Standard.

JAZZ MELODY 58, rue Haute ; Tél. 02 31 89 38 25 , Café des musiciens, petite carte de menus ; Musicians' café, small menu, inspiring atmosphere; Musiker-Café, kleine Karte, kreative Atmosphäre.

L'ABSINTHE 10, quai de la Quarantaine ; Tél. 02 31 89 39 00 ; Spécialités : homards et langoustes ; Honfleur's specialist for lobsters and crayfish; Spezialist für Hummer und Langusten.

L'ALBATROS 32, quai Sainte-Catherine ; Tél. 02 31 89 25 30 ; Bistro traditionel, bière à la pression ; Traditional pub, beer on draught, meeting place of the locals; traditionelles Bistro, Biere vom Faß, Treffpunkt der Insider.

L'ABRICOTIER 68, quai Stainte-Catherine ; Tél. 02 31 89 10 37 ; Petit restaurant spécialisé en moules ; Small but well cared place for enjoying mussels; kleines, sehr gepflegtes Muschel-Restaurant.

L'ALCYON 8, place de la Porte de Rouen ; Tél. 02 31 89 56 85 ; Spécialités excellentes, petit prix ; Budget-priced but very good speciality menus; sehr preiswerte, aber gute Spezialitätenküche.

L'ANCRAGE 16, rue Montpensier ; Tél. 02 31 89 00 70 ; Spécialités : Fruits de mer, ambiance de haute gamme ; Seafood specialites in an ambitious setting; anspruchsvolles Ambiente, Fruits de mer.

L'ANNEXE 30, quai Sainte-Catherine ; Tél. 02 31 88 54 32 ; Cuisine typiquement honfleuraise ; Classic Honfleur cuisine; klassische Honfleur-Küche.

L'AROMATE 6, rue de Traversière ; Tél. 02 31 89 94 40 ; Spécialités : moules et crustacés ; Specialist for mussels and clamps; Spezialität Muscheln und Schalentiere.

L'AROME MARIN 21, rue de la Ville ; Tél. 02 31 98 82 82 ; Cuisine française de haute gamme, grand choix en vins ; Best French cooking of high-ranking standard; good wine list; beste französische Küche in gehobenem Standard, gute Weinauswahl.

L'ASCOT 76, quai Sainte-Catherine ; Tél. 02 31 98 87 91 ; Spécialités : poissons et fruits de mer, des vins excellents ; Fish and seafood varieties, excellent wine list; Fisch und Meeresfrüchte, exzellente Weine.

L'ECAILLEUR 1, rue de la République ; Tél. 02 31 89 93 34 ; Spécialités : filet mignon, magret de canard ; Speciality: filet mignon, brest of duckling; Spezialität: Filet Mignon, Magret de Canard.

L'ESCALE 3, rue de Ville ; Tél. 02 31 89 32 22 ; Spécialités : sole meunier, plats de poissons ; Speciality: Dover sole and other fish platters; Spezialität: Scholle Müllerin-Art und andere Fischgerichte.

L'ESTUAIRE 8, place Hamelin ; Tél. 02 31 89 04 14 ; Cuisine française traditionnelle, plats de poissons à petit prix ; Classic French cooking, moderately priced fish platters; klassische französische Küche, preiswerte Fischgerichte.

L'HIPPOCAMPE 44/46, quai Sainte-Catherine ; Tél. 02 31 89 98 36 ; Spécialité: la formule Brasserie ; qualité à petit prix ; Speciality: La formule Brasserie. very good and not expensive; Spezialität: La formule Brasserie, sehr gut und preiswert.

L'HOMME DE BOIS 30, rue Homme de Bois ; Tél. 02 31 89 04 93 ; Grand choix en fruits de mer, vins de qualité; wide choice of seafood, well-cared wines; große Auswahl an fangfrischen Meeresfrüchten, gepflegte Weine.

LA BRASSERIE DU PORT 4, rue de la Ville ; Tél. 02 31 89 43 44 ; Spécialités normandes, bons vins ; Great variety of all Normandy specialities, assorted wine list; sehr große Karte aller Normandie-Spezialitäten, gute Weine.

LA CABANE DU PÊCHEUR 74, quai Sainte-Catherine ; Tél. 02 31 81 35 16 ; Spécialités : poissons à la normande et à la bretonne ; Fish specialities of Normandy and Brittany; Fischspezialitäten der Normandie und Bretagne.

LA CIDRERIE 26, place Hamelin ; Tél. 02 31 89 59 85 ; Spécialités : omelettes et galettes, cidre à la pression ; Omeletts and pancakes, cidre also on draught; Omelettes und Galettes, Cidre vom Faß.

LA COMMANDERIE 14, rue des Lingots ; Tél. 02 31 89 14 92 ; Spécialités : crêpes et pizzas, beaucoup de charme ; Pancakes and pizza specialities, good ambience; Crêpes und Pizza-Spezialitäten, viel Atmosphäre.

LA CREVETTE 76, quai Sainte-Catherine ; Tél. 02 31 89 28 65 ; Toutes sortes de spécialités de la mer, même en casse-croute ; All sorts of seafood, also served as snacks; alle Meeresspezialitäten, auch als kleiner Imbiß.

LA FERME DE LA GRANDE COUR Côte de Grâce / Mont Joli ; Tél. 02 31 89 04 69 ; Spécialités normandes, desserts délicieux ; Specialities from Normandy, particularly delicious deserts; Besonderheiten aus der Normandie, besonders delikate Desserts.

LA FLEUR DE SEL 17, rue Haute ; Tél. 02 31 89 01 92 ; Recettes sophistiquées de saumon et langoustes, ambience chaleureuse ; Salmon and lobster specialities, to be enjoyed in cozy atmosphere; Lachs- und Langusten-Besonderheiten in gemütlicher Atmosphäre.

LA GRENOUILLE 16, quai de la Quarantaine ; Tél. 02 31 89 04 24 ; Spécialités : pavé de cabillaud, carpaccio de thon ; Speciality: cod fish and carpaccio of thuna fish; Spezialität: Kabeljauschnitten , Thunfisch-Carpaccio.

LA MAISON BLEUE quai Saint-Etienne / Cours des Fossés ; Plats du jour attirants, tarte aux pommes maison ; Tempting platters-of-the-day, ice cream, fresh apple pie; reizvolle Tageskarte, Eisspezialitäten, frische Apfeltorte.

LA MAISON DE MÈRE GRAND 26, place Berthelot ; Tél. 02 31 89 77 20 ; Café, grand choix de casse-croute même à emporter ; Cafe, wide choice of snacks, also take-away; Café, Imbiß in großer Auswahl, auch außer Haus.

LA PETITE AUBERGE 5, rue du Coq enchainé ; Tél. 02 31 89 56 81 ; Café, plats-du-jour maison ; Coffee shop, budget-priced platter-of-the day in home-made quality; Café, preiswerte Tageskarte nach Hausma-cherart.

LA PETITE CHINE 14/16, rue du Dauphin ; Tél. 02 31 89 36 52 ; Salon de thé, grand choix de tartes maison ; Cafe, wide selection of teas and home-made cakes; Café, viele Tee-Varianten, große Kuchenauswahl.

LA SANTA CHEZ TONI 10, rue Jean Reve l; Tél. 02 31 89 43 25 ; Cuisine à l'italienne, pizza ; Italian cooking, pizzas; italienische Küche, Pizza.

LA TARTERIE 38, rue du Dauphin ; Tél. 02 31 89 29 14 ; Café, thé, tartes maison ; Coffees and teas, home-made pastries daily fresh; Café, täglich frische hausgemachte Torten.

LA TERRASSE ET L'ASSIETTE place Sainte-Catherine ; Tél. 02 31 89 31 33 ; Spécialités de la mer, ambiance de style ; Very well cared-for ambience, fish and seafood specialities; sehr gepflegtes Ambiente, Spezialitäten aus dem Meer.

LA TORTUE 36, rue de l'Homme de Bois ; Tél. 02 31 98 04 93 ; Ambiance privatique, spécialités culinaires ; Small, intimate specialities restaurant; kleines, intimes Spezialitäten-Restaurant.

LA TRINQUETTE 62, quai Sainte-Catherine ; Tél. 02 31 81 41 94 ; Crêpes, galettes, crudités, glaces ; Pancakes, galettes, many salad varietes, ice cream; Crêpes, Galettes, viele Salatvariationen, Eis.

LA VOILE AU VENT 3, quai Saint-Etienne ; Tél. 02 31 89 05 32 ; Petit choix de menus rafinés, boissons assortis ; Small but refined menu, well assorted bar; kleine, aber sehr feine Karte, gut bestückte Bar.

LE BELVÉDÈRE 36, route Emile Renouf ; Tél. 02 31 89 08 13 ; Cuisine du terroire à petit prix, en vogue ; Budget-priced local food, insider hint! Preiswerte einheimische Küche, Insider-Tip!

LE BOUNTY'S BAR 25, bvd. Charles V ; Tél. 02 31 89 03 20 ; Bar, café, casse-croute ; Bar, cafe, some snacks; Bar, Café, kleiner Imbiß.

LE BRÉARD 7, rue du Puits ; Tél. 02 31 89 53 40 ; Spécialités : foie gras, crudités ; Variations of goose liver, choice of crisp; Foie gras in Variationen, knackige Salate.

LE CHAMPLIN 6, place Hamelin ; Tél. 02 31 89 14 91 ; Bonne cuisine française, ambience joyeuse ; Good French cooking, joyful atmosphere; gute französische Küche, fröhliches Ambiente.

LE CHAT QUI PÊCHE place Arthur Boudin ; Tél. 02 31 89 35 35 ; Spécialités normandes, vins de qualité ; Normandy specialities, good wine list; Spezialitäten der Normandie, gute Weinkarte.

LE CLIPPER 42, quai Sainte-Catherine ; Tél. 02 31 89 96 50 ; Spécialités : Croustiands d'Andouille, Crêpes ; Speciality: Crisp-fried tripe and pancakes; Spezialität: Croustillant d'andouille und Crêpes.

LE CRYSTAL 3, rue Haute ; Tél. 02 31 89 12 02 ; Vaste choix de Fruits de mer à petit prix ; Wide choice of seafood, reasonably priced; sehr große Auswahl an Meeresfrüchten zu kleinen Preisen.

L'ECLUSE 2, quai de la Quarantaine ; Tél. 02 31 89 33 33 ; Spécialités normandes, simples mais savoureuses ; Normandy specialities, plain but hearty; Spezialitäten der Normandie, einfach und herzhaft.

LE FONTENOY 38, rue de la République ; Tél. 02 31 89 24 83 ; Bar Tabac PMU, casse-croute ; Pub, horse-betting place, cafe, some snacks; Bar-Tabac, PMU-Lokal, Café, Imbiß.

LE CORSAIRE 22, place Sainte-Catherine ; Tél. 02 31 89 12 80 ; Spécialité: Assiette fruits de mer ; Specialities: seafood platter; Spezialität: Meeresfrüchte-Teller.

LE GOUTILLAN CRÊPERIE 5, Cours des Fossés ; Crêpes et gaufres ; Pancakes and wafers; Crêpes und Waffeln

LE HAMELIN 16, place Hamelin ; Tél. 02 31 89 16 25 ; Spécialité : Assiette de crevettes, moules ; Speciailty: shrimps, prawns and mussels; Spezialität: Crevetten-Teller, Muscheln.

LE JARDIN DES PEINTRES 11, bvd. Charles V ; Tél. 02 31 87 92 95 ; Spécialité : menu du jardin, Restaurant avec terrasse ; Beer garden, small menu »the garden way«; Gartenlokal, kleine Karte: Menu du jardin.

LE LIEUTENANCE 12, place Sainte-Catherine ; Tél. 02 31 89 07 52 ; Cuisine internationale et normande ; International as well as Norman cooking; internationale und normannische Küche.

LE LORD 20, rue de la République ; Tél. 02 31 89 12 22 ; Bar Tabac, Brasserie ; Pub, brewery, cafe; Bar-Tabac, Brasserie, Café.

LE MANOIR DU BUTIN Phare du Boutin ; Tél. 02 31 81 63 09 ; Cuisine internationale de haute gamme, des vins excellents ; Ambitious international cooking, excellent wines; anspruchsvolle internationale Küche, exzellente Weine.

LE MARIN 36, quai Saine-Catherine ; Tél. 02 31 87 54 90 ; Brasserie, petit déjeuner, plat du jour Breakfast bar, brewery, small menu of the day; Frühstücksbar, Brasserie, kleine Tageskarte.

LE MONTPENSIER 4, rue Montpensier ; Tél. 02 31 89 44 30; Differentes crudités, crêpes, sandwichs ; Small menu, wide choice of salads, pancakes, sandwiches; große Salatauswahl, Crêpes, Sandwiches.

LE PERROQUET VERT 52, quai Sainte-Catherine ; Tél. 02 31 89 14 19 ; Bistrot, assiette apéritive ; Bar, pub, temptive aperitif platter; Bar, Bistrot, leckere Appetit-Häppchen.

LE POUL'ALLIER 10, place Porte de Rouen ; Tél. 02 31 89 09 76 ; Cuisine du territoire, simple mais excellente ; Plain but excellent local food; einfache, aber ausgezeichnete heimische Küche.

LE REFUGE 9, rue Cachin ; Tél. 02 31 89 02 95 ; Café Bar avec beaucoup de cachet ; Bar, cafe with joyful atmosphere; Bar, Café mit viel Atmosphäre.

LE TILBURY 28/30, place Hamelin ; Tél. 02 31 98 83 33 ; Spécialité : Crêpes au fromage; Speciality: wide choice of cheese pancakes; Spezialität: Käse-Crêpes in großer Auswahl.

LE TROCADÉRO 18, rue des Vases ; Tél. 02 31 89 14 89; Moules frites, plat du jour ; Plain platter-of-the-day; mussels and french fries; einfache Tages-karte; Moules-frites.

LES BOUCANIERS 35, rue Haute ; Tél. 02 31 88 25 64 ; Spécialités : Cuissot de lapin, côte d'agneau ; Small but outstanding: rabbit hounch and lamb ribs; klein aber fein: Kaninchenkeule und Lammrippchen.

LES CASCADES 12, place Thiers ; Tél. 02 31 89 05 83 ; Spécialité : menu du pêcheur ; Speciality: Fisherman's menu; Spezialität: Fischer-Menu.

LES DEUX PONTS 20, quai de la Quarantaine ; Tél. 02 31 89 04 37 ; Toutes les spécialités normandes ; All Normandy Specialities; alle Spezialitäten der Normandie.

LES EMBRUNS 26, rue de la Ville ; Tél. 02 31 89 48 70 ; Cuisine normande, ambiente distinguée ; Typical Norman cooking, distinguished atmosphere; typisch normann. Küche, gepflegte Atmosphäre.

LES FONTAINES 25, cours des Fossés ; Tél. 02 31 88 30 82 ; Spécialité : moules au curry, petit prix ; Plain and low-pried; speciality: mussels curry; einfach und preiswert; Spezialität: Moules au Curry.

L'UNION 46, rue de la Chaussée ; Brasserie, Café, quartier St.-Léonard ; Bar, brewery, cafe in the Quartier St.-Léonard; Bar, Brasserie, Café im Quartier St.-Léonard.

McDONALDS cours Jean de Vienne ; Tél. 02 31 89 74 42 ; Fast food à l'américaine ; Fast food the French-American way; Fast Food amerikanischer Provenienz.

PÊLE-MÊLE 4, rue du Dauphin ; Tél. 02 31 89 50 45 ; Sandwichs à emporter ; Plain snacks, soft drinks, take-away-food; einfacher Imbiß, Soft Drinks, Take-away-food.

PIZZA GINO 88, quai de Sainte-Catherine ; Tél. 02 31 89 99 86 ; Spécialités italiennes, grand choix de bières ; Italian specialities, wide choice of beers; italienische Spezialitäten, große Auswahl an Bieren.

PIZZERIA GRILL CARPANO 20, rue des Vases ; Tél. 02 31 89 22 33 ; Cuisine et vins italiens ; Italian cooking, Italian wines; italienische Küche und Weine.

REST. DE LA LIEUTENANCE 12, place Sainte-Catherine ; Tél. 02 31 89 07 52 ; Spécialités : menu de la mer, grand choix de desserts ; Excellent seafood menu, wide selection of deserts; ausgezeichnetete Fischgerichte, große Auswahl an Desserts.

REST. LE LUTETIA 23, rue de Ville ; Tél. 02 31 89 13 52 ; Spécialité: espadon, sandre, boeuf bourguinion ; Speciality: brace, pike-perch, boef Bourguignon; Spezialitäten: Schwertfisch, Zander, Boeuf Bourguignon.

REST. SA.QUA.NA. 22, place Hamelin ; Tél. 02 31 89 40 80 ; Nouvelle cuisine normande, grand choix, décoré d'une étoile par le Guide Michelin 2007 ; Nouvelle cuisine the Normandy way, extensive menu; awarded with one Michelin star; Nouvelle Cuisine à la Normandie, umfangreiche Karte, ausgezeichnet mit einem Stern im Guide Michelin 2007.

SAINTE CATHERINE CRÊPERIE 24, quai Sainte-Catherine ; Tél. 02 31 89 36 79 ; Crêpes, gaufres, boissons ; Pancakes, wafers, soft drinks; Crêpes, Waffeln, Soft Drinks.

N.B. : *Les adresses mentionnées sur cette page ont été compilé en août 2006 et expriment en aucun cas une recommendation de l'auteur ; leur rôle est simplement indicatif. De la même manière, cette liste ne prétend pas être complète et ni l'auteur, ni l'éditeur peuvent être tenus responsables pour l'exactitude des données qui pourront avoir changé après l'impression du livre. Si une maison que vous connaissez ne figure pas dans cette liste, l'éditeur recevra avec plaisir toute information et tiendra compte dans une édition ultérieure.*

NOTICE: *The addresses on the preceeding pages, compiled in August 2006, do not express any recommendation by the author, serving only informative purposes. Neither does the list claim being complete nor take publisher and author any responsibilty for correctness of details which may also be subject to changeing after publishing of this book. In case you discovered a place which you do not find in the listing, but being worth to be included, please don't hesitate to inform the publisher.*

ANMERKUNG: *Die vorstehend aufgeführten Adressen entsprechen dem Stand vom August 2006 und stellen keine Empfehlungen des Autors dar, sondern sind lediglich als informative Hinweise zu verstehen. Auch erheben sie weder einen Anspruch auf Vollständigkeit, noch übernehmen Autor oder Verlag eine Gewähr für die Richtigkeit der Angaben, die sich nach Drucklegung möglicherweise geändert haben können. Sollten Sie ein Haus vermissen, das nicht aufgeführt ist, in einer nachfolgenden Auflage jedoch mit berücksichtigt werden sollte, würde sich der Verlag über jeden Hinweis freuen.*

Faits importants, curiosités

La ville d'Honfleur : située à 198 km au nord de Paris (Porte Maillot), à 80 km de Rouen, à 57 km de Caen : 49°25,5' N, 00°14'E. Nombre d'habitants environ 9000, code postal 14600. Préfecture : Caen, Basse-Normandie, Dépt. Calvados.

Informations touristiques : Office de tourisme, quai Lepaulmier, 14600 Honfleur,
Tél. : 08 92 70 01 46 ; Fax : 02 31 81 89 31 82 ;
www.ot-honfleur.fr, contact@ot-onfleur.fr

Accès : autoroute A13, bifurcation A29 (Le Havre, Pont de Normandie), D180 (D580, D144) en venant de l'est, et D597 (D144) du sud.

Par chemin de fer : Paris (St.-Lazare) - Caen ; gare de Lisieux.

Circulation et parkings : en centre ville, la vitesse est limitée à 30 km/h, et la priorité à droite vaut de manière générale. Les parkings sont payants (bornes à tickets). Les parkings pour un stationnement prolongé sont indiqués. Camping-cars : quai du Nord.

Mouillage de yachts : environ 35 places dans le Vieux Bassin ; renseignements auprès de l'officier du port dans la Lieutenance (port d'Honfleur), Tél. : 02 31 14 61 09, Fax : 02 31 89 42 10.

Marchés : marché général chaque samedi environ de 8h à 13h, marché biologique le mercredi matin, marché de céramique le dimanche de Pâques et le dernier week-end d'août, marché aux puces (brocante) chaque premier dimanche du mois, divers marchés, d'antiquités par exemple, de manière sporadique.

Manifestations, fêtes : fête des Marins (Pentecôte) ; victoire 1945 (8 mai) ; Fête nationale (14 juillet) ; festival du jazz (mi-août) ; parade des yachts (mi-août) ; jour de la libération d'Honfleur (25 août) ; festival de l'humour « Estuaire d'en rire » (fin septembre) ; fête des pêcheurs de crevettes (dernier week-end de septembre) ; festival du film russe (fin novembre) ; marché de Noël et fête de la Sainte-Catherine (à partir de mi-décembre).
Expositions d'art, expositions diverses, rallyes de voitures anciennes, manifestations sportives, fêtes maritimes, vernissages, concerts, représentations de théâtre, événements spéciaux aux musées, toute l'année selon un calendrier variable.

Monuments particuliers : la Lieutenance · l'église Sainte-Catherine · l'église Saint-Léonard · la chapelle Notre Dame de Grâce · les vieux greniers à sel · le manoir de Roncheville · les anciens lavoirs · la médiathèque · le Naturospace · le jardin des personnalités.

Visites guidées : renseignements auprès de l'office de tourisme.

Musées : musée Eugène Boudin, place Erik Satie · musée de la marine, quai Saint-Etienne · musée d'ethnographie et d'art populaire normand, rue de la Prison · les maisons Satie, 67, boulevard Charles V.

Villes jumelées : Wörth-sur-le-Main (Allemagne) ; Sandwich, Kent (Angleterre) ; liens culturels étroits avec les villes d'Onomichi (Japon), de Québec (Canada) et de Sao Francisco do Sul (Brésil).

Important facts and figures

City of Honfleur: 198 kms north of Paris (Porte Maillot), 80 kms from Rouen, 57 kms from Caen: 49°25,5' N, 00° 14'E. Ca. 9000 inhabitants. Postal code 14600. Precinct Caen, Basse Normandie, Département Calvados.

Tourist Information: Office de Tourisme; quai Lepaulmier, 14600 Honfleur, Tel. 02 31 89 23 30, Fax 02 31 81 89 31 82; www.ot-honfleur.fr contact@ot-honfleur.fr

Motorway approach: A13, junction A29 (Le Havre, Pont de Normandie), D180 (follow D580, D144) from east und D597 (follow D144) from south.
Railway connection: Paris (St. Lazare) - Caen; Lisieux station.

Traffic and parking: 30 kph speed limit within the town, priority from the right on principal. Parking charges (ticket dispensers). Long-term car parks are signposted. Campers and motorhomes: Quai du Nord.

Visitor yachts: Mooring for ca. 35 visitor yachts in the Vieux Bassin, report at the Capitainerie at the radar tower (Port de Honfleur); tel. 02 35 52 96 63.

Markets: General market on Saturday morning ca. 08 to 13 hrs, organic farm produce market every Wednesday morning, ceramics market on Easter Sunday and last week-end in August ; flea market (foire à tout) first Sunday every month from June to Sept., different antique and misc. fairs occasionally.

Events, Festivals: Fête des Marins (Whitsun); Armistice Day 1945 (May 8); National Holiday (July 14); Jazz Festival (mid-August); Yacht Parade (mid-August); Honfleur Liberation Day (August 25); Humoresque Festival "Estuiare d'en Rire" (end of September); Fète de la Crevette (Crab fishermen's festival) (end of September); Russian Film Festival (end of November); Christmas market and Ste.-Catherine Fair (mid December).
In changing order: Art and photo exhibitions, historic car rallies, sports events, maritime events, vernissages, concerts, choirs, theatre and other performances, some also in the museums.

Sight seeing: La Lieutenance · Church Ste.-Catherine · Church St.-Léonard · The Chapel Notre-Dame de Grâce · The Greniers à sel · The Manoir de Roncheville · The historic washing places · The Public Library · Naturospace · Le Jardin des Personalitées.

Guided Tours: Contact the Office de Tourisme.

Museums: Musée Eugène Boudin, Place Erik Satie · Musée de la Marine, quai Saint-Etienne · Musée d'Ethnografie et d'Art populaire normand, rue de la Prison · Les Maisons Satie, 67 boulevard Charles V.

Honfleur is twinned with: Wörth am Main (Germany); Sandwich, Kent (UK); further tight cultural links to Onomichi (Japan), Quebec (Canada) and Sao Francisco do Sul (Brazil).

Wichtiges, Sehenswertes

Stadt Honfleur: 198 km nördlich von Paris (Porte Maillot), 80 km von Rouen, 57 km von Caen gelegen: 49°25,5' N, 00° 14'E. Einwohnerzahl ca. 9000. Postleitzahl 14600. Präfektur: Caen, Basse Normandie, Departement Calvados.

Touristik-Informationen: Office de Tourisme; quai Lepaulmier, 14600 Honfleur, Tel. 02 31 89 23 30, Fax 02 31 81 89 31 82; www.ot-honfleur.fr contact@ot-onfleur.fr

Zufahrt: Autobahn A13, Abzweig A29 (Le Havre, Pont de Normandie), D180 (D580, D144) von Osten und D597 (D144) von Süden.

Bahnverbindung: Paris (St. Lazare) - Caen; Bahnstation Lisieux.

Verkehr und Parken: In der Innenstadt gilt Tempo 30 km/h und grundsätzlich rechts vor links. Parken gebührenpflichtig (Ticket-Automaten). Parkplätze für längerfristiges Abstellen sind ausgewiesen. Wohnmobile: quai du Nord.

Yachtliegeplätze: ca. 35 Gastplätze im Vieux Bassin; Auskunft beim Hafenkapitän (Capitainerie) im Radar-Turm (Port de Honfleur); Tel. 02 35 52 96 63.

Märkte: Allgemeiner Markt jeden Samstag ca. 8 bis 13 Uhr, Biomarkt Mittwoch Vormittag, Keramikmarkt am Ostersonntag und letztes Wochenende im August, Flohmarkt (Brocante) an jedem ersten Sonntag im Monat, div. Antiquitäten- und andere Märkte sporadisch.

Veranstaltungen, Feste: Fête des Marins (Pfingsten); Tag des Kriegsendes 1945 (8. Mai); Nationalfeiertag (14. Juli); Jazz-Festival (Mitte August); Yachtparade (Mitte August); Tag der Befreiung Honfleurs (25. August); Humorfestival „Estuiare d'en Rire“ (Ende September); Fest der Krabbenfischer (letztes September-Wochenende); Festival des Russischen Films (Ende November); Weihnachtsmarkt und Fest der Sainte-Catherine (ab Mitte Dezember).
Kunst- und andere Ausstellungen, Oldtimer-Rallyes, Sportveranstaltungen, maritime Feste, Vernissagen, Konzerte, Theatervorstellungen, spezielle Events der Museen in jährlich wechselnder Programmfolge.

Besondere Sehenswürdigkeiten: die Lieutenance · Kirche Sainte-Catherine · Kirche Saint-Léonard · Kapelle Notre Dame de Grâce · die alten Salzspeicher · das Manoir de Roncheville · die historischen Waschplätze · die Médiathèque · Naturospace · Le Jardin des Personnalités.

Besichtigungen mit Führung: Auskunft im Office de Tourisme.

Museen: Musée Eugène Boudin, Place Erik Satie · Musée de la Marine, quai Saint-Etienne · Musée d'Ethnographie et d'Art populaire normand, rue de la Prison · Les Maisons Satie, 67 boulevard Charles V.

Partnerstädte: Wörth am Main (D); Sandwich, Kent (GB); enge kulturelle Verbindungen zu den Städten Onomichi (Japan), Quebec (Kanada) und Sao Francisco do Sul (Brasilien).

Crédits photos - Picture credits - Bildnachweis - 写真、絵

Halwart Schrader (234), Archiv Halwart Schrader (23), Stadtarchiv Honfleur (1), Hans-Jürgen Schneider (25), Vincent Schneider (1), Mulot (1), Sven Arndt (1).

274 : Vue générale du Port d'Honfleur avec des bateaux de pêche dans les années 50 du XXe siècle.
274: General view of the port of Honfleur with fisher boats during the fifties of the 20th century.
274: Fischerboote am Ausgang des alten Hafens von Honfleur in den 50er Jahren des 20. Jahrhunderts.

274

L'HISTOIRE D'HONFLEUR: LES DATES

Les années les plus importantes en dix siècles

1027 Première mention d'un village nommé « Hunefleth ».
1365 Premières fortifications en pierre de l'Enclos.
1369 Reconstruction de l'église Saint-Etienne après sa destruction pendant la guerre de Cent ans.
1419 Occupation anglaise jusqu'en 1456.
1435 L'Anglais Robert Lynford devient le premier concessionaire officiel d'une brasserie.
1496 Après 31 ans de construction, inauguration de l'eglise Sainte-Catherine.
1504 Paulmier de Gonneville, capitaine Honfleurais, atteint le Brésil.
1506 Jean Denis explore l'embouchure du Saint-Laurent.
1538 La chapelle Notre Dame de Grâce disparaît suite à un glissement de terrain (elle sera reconstruite au début du XVIIe siècle).
1600 Pierre Barthelot, pilote-major et cartographe du roi du Portugal, naît à Honfleur.
1608 Départ de Champlain pour le Canada.
1625 Reconstruction de l'eglise Saint-Léonard après incendie.
1630 Par ordre de la Duchesse de Montpensier, les terrains bordant le Vieux Bassin sont vendus par lots étroits.
1635 A cause d'un risque d'épidémie, tous les cochons, poules et chiens doivent désormais être enfermés dans des enclos.
1670-1699 Construction des greniers à sel.
1681 Interdiction d'exercer le culte protestant à Honfleur.
1689 Le Lieutenant du roi s'installe dans le bâtiment de la Porte de Caen.
1725-1760 Aménagement du Havre Neuf (en opération jusqu'au 1960).
1748 Edward Chamberlain crée le premier site industriel de la ville. Il fabrique du sulphate de fer.
1763-1792 Honfleur participe à la traite négrière.
1799 Après la Revolution de 1789, la plupart des rues recoivent un nouveau nom.
1808 Les dernières fortifications sont détruites.
1815 Napoléon interdit l'esclavage en France.
1820 Le 20 novembre, le premier bateau à vapeur part pour Le Havre, à l'initiative du consul americain.
1832 Inauguration du nouvel hôtel de ville.
1840 Le 4 juillet, le premier journal quotidien paraît à Honfleur.
1842 Albert Sorel, historien et ecrivain, naît à Honfleur le 13 août († 29 juin 1906).
1848 Suite à la révolution, le roi Louis-Philippe embarque incognito pour l'Angleterre après une dernière nuit à Honfleur.
1852 Construction du phare de l'Hôpital.
1862 Après la construction d'une station en 1861, le chemin de fer arrive à Honfleur.
1866 Erik Satie, compositeur et cntemporain de Cocteau et de Picasso, naît à Honfleur le 17 mai († 1er juillet 1925).
1888 Pour la première fois, toutes les maisons reçoivent un numéro de rue.
1894 Premier bureau de poste (place Arthur Boudin).
1913 Premier cinéma, l'« Excelsior » dans la rue de la République.
1940 Les troupes allemandes arrivent à Honfleur (occupation jusqu'au 25 août 1944).
1957 Jumelage d'Honfleur avec la ville de Sandwich, Kent (Angleterre).
1978 Le vieux pont tournant est remplacé par un pont-levis.
1994 Construction de la nouvelle écluse.
1995 Ouverture du Pont de Normandie (après sept ans de construction).
2000 Premier festival « Estuarie d'en Rire » de la bonne humeur.
2006 Honfleur et Wörth-sur-le-Main (Allemagne) officialisent leur jumelage.

THE HISTORY OF HONFLEUR: TIMETABLE

Significant cornerstone years from ten centuries

1027 First documented mentioning of a village named "Hunefleth".
1365 Construction of stone remaprts around the enclosue begins.
1369 Reconstruction of the church St.-Etienne after having been destroyed in the 100 years' war.
1419 Honfleur occupied by the English, until 1456.
1435 Robert Lynford, an Englishman, opens the first authorized brasserie.
1496 After 31 years, church Ste.-Catherine is finished.
1504 Paulmier de Gonneville, a captain from Honfleur, goes in Brazil ashore.
1506 Jean denis, starting from Honfleur, discoveres the St. Lawrence river.
1538 The Notre Dame de Grâce chapel disappears due to a landslip, reconstruction in early XVII. century.
1600 Pierre Barthelot born in Honfleur, later to become chief pilot and cartograph of the king of Portugal.
1608 Champlain starts his expedition to Canada.
1625 Reconstruction of the St.-Léonard church after it had been burnt down.
1630 The Duchess of Montpensier sells her property bording to the Vieux Bassin in small, narrow lots.
1635 Because of the danger of epidemic all pigs, chicken or dogs had to be kept in fences.
1670-1699 Construction of the salt storage building.
1681 Protestant cult and services are declared illegal.
1689 The king's lieutenent declares the Porte de Caen building his office.
1725-1760 Hollowing of the new dock (in operation until 1960).
1748 The first industrial site put up by Edward Chamberlain in Honfleur producing iron-sulphate.
1763-1792 Honfleur particpates in slave trade.
1799 After the revolution, nearly all streets get new names.
1808 Remaining city walls were broken up.
1815 Napoléon declares slavery illegal in France.
1820 On November 20, the first steam boat leaves for Le Havre, a service operated by the American consul.
1832 Opening of the new Town Hall.

1840 On July 4, the first daily paper appears in Honfleur.
1842 Historian and writer Albert Sorel born in Honfleur August 13 († June 29, 1906).
1848 King Louis-Philippe leaves French soil incognito for England after the revolution, spending his last night at Honfleur.
1852 The lighthouse de l'Hôpital is built.
1862 Honfleur is connected to the railway system, after the station had been built in the previous year.
1866 Erik Satie, composer and contemporary to Cocteau et Picasso, born in Honfleur May 15 († june 1, 1925).
1888 For the first time, all houses are officially numbered.
1894 First post office opened (place Arthur Boudin).
1913 First cinema, called the "Excelsior" at Rue de le République.
1940 German troops in Honfleur stying until August 25, 1944.
1957 Honfleur and Sandwich, Kent, agree in town partnership.
1978 The turning bridge replaced by an hydro-electric lift bridge.
1994 A new lock is built.
1995 Opening of the Normandy bridge (after 7 years of construction).
2000 First "Festival of good humor" in Honfleur.
2006 Official confirmation of town partnership Honfleur - Wörth am Main, Germany.

Geschichte von Honfleur: Zeittafel

Die wichtigsten Daten aus zehn Jahrhunderten

1027 Erste dokumentierte Erwähnung einer Ortschaft „Hunefleth".
1365 Baubeginn der Befestigungen um den Stadtkern.
1369 Wiederaufbau der Kirche St.-Etienne nach ihrer Zerstörung im 100-jährigen Krieg.
1419 Die Engländer besetzen Honfleur (bis 1456).
1435 Der Engländer Robert Lynford erhält die erste amtliche konzessionierte Schankkonzession.
1496 Nach 31 Jahren Bauzeit ist die Kirche St.-Catherine vollendet.
1504 Paulmier de Gonneville, Kapitän aus Honfleur, landet in Brasilien.
1506 Jean Denis segelt von Honfleur zur Mündung des St.-Lorenz-Stroms.
1538 Die Kapelle Notre Dame de Grâce wird durch Erdrutsch verschüttet, ein Neubau erfolgt Anfang des 17. Jahrhunderts.
1600 Pierre Berthelot in Honfleur geboren, späterer Lotsenkapitän und Kartograf des Königs von Portugal.
1608 Champlains Expedition sticht nach Kanada in See.
1625 Einweihung der nach einem Brand wieder aufgebauten Kirche St.-Léonard.
1630 Die Herzogin von Montpensier veräußert ihre Liegenschaften am Viex Bassin als kleine, schmale Parzellen.
1635 Es dürfen keine Schweine, Hühner oder Hunde mehr frei umherlaufen, wegen der drohenden Übertragung des Pestbazillus.
1670-1699 Bau des Salzspeichers.
1681 Protestanten wird die Ausübung des Gottesdienstes untersagt.
1689 Das Torhaus der Porte de Caen wird Amtssitz des königlichen Statthalters.
1725-1760 Das zweite Hafenbecken wird angelegt (bis 1960 in Betrieb).
1748 Edward Chamberlain gründet eine Chemiefabrik zur Herstellung von Eisensulfat; Honfleurs erster Industriebetrieb.
1763-1792 Honfleur hat Anteil am Sklavenhandel.
1799 Umbenennung fast aller Straßen nach der Revolution von 1789.
1808 Die Reste der Stadtmauer werden abgetragen.
1815 Napoléon erklärt den Sklavenhandel in Frankreich als ungesetzlich.
1820 am 20. November verläßt das erste Dampfschiff den Hafen von Honfleur nach Le Havre; den Fährdienst initiierte der amerikanische Konsul.
1832 Das neue Rathaus wird eingeweiht.
1840 Am 4. Juli erscheint in Honfleur die erste Tageszeitung.
1842 Der Schriftsteller und Historiker Albert Sorel wird am 13. August in Honfleur geboren († 29. Juni 1906)
1848 Nach der Revolution von 1848 flüchtet Konig Louis-Philippe inkognito nach England und verbringt die letzte Nacht in Honfleur.
1852 Bau des Leuchtturms am alten Hôpital.
1862 Honfleur wird an das Eisenbahnnetz angeschlossen; mit dem Bau des Bahnhofs hatte man im Vorjahr begonnen.
1866 Erik Satie, Komponist und Weggefährte von Cocteau und Picasso, am 17. Mai in Honfleur geboren († 1. Juli 1925).
1888 Einführung der Numerierung der Häuser in den Straßen.
1894 An der Place Arthur Boudin wird das erste Postamt eröffnet.
1913 Erstes Kino „Excelsior" an der Rue de le République eröffnet.
1940 Besetzung Honfleurs durch deutsche Truppen bis zu ihrem Abzug am 25. August 1944.
1957 Honfleur und Sandwich, Kent (England), schließen Städtepartnerschaft.
1978 Die alte Drehbrücke wird durch eine elektrohydraulische Zugbrücke ersetzt.
1994 Die neue Hafenschleuse wird gebaut.
1995 Fertigstellung der Pont de Normandie nach siebenjähriger Bauzeit.
2000 Erstes „Festival der guten Laune" in Honfleur
2006 Honfleur und Wörth am Main besiegeln offiziell ihre Städtepartnerschaft.

オンフルール - 思いやりに溢れる暖かな街

フランスのセーヌ河口にあるこの小さな街を訪れた多くの人々は 1 日目にしてすっかりこの街のとりこになってしまいます。150 年以上も前から多くの芸術家や作家がこの街を訪れ、オンフルールに心を奪われたことを認め、そして永住までいかずとも長く留まることになりました。

オンフルールについて記述された資料は 1027 年も前にまでさかのぼります。バイキングが北フランスに位置する今日カルヴァドスと呼ばれるこの地域を征服し、支配しました。1343 年から 1443 年に起こった百年戦争ではイギリスにより 4 度にわたって侵攻され、略奪と海軍船の沈没など敵軍との激突が繰り返されました。この戦いにより貿易で栄えたオンフルールとその周辺の街々は侵攻からの防衛に犠牲を被ることになりました。
14 世紀のチャールズ王 5 世の時代にはオンフルールは石壁によって街が囲まれ、まずは片方の端に四角の塔が、そして後になってもう一方の端に丸い塔が建てられました。両塔とも港の入り口に隣接し、塔最上部には重苦しい大砲が備えられました。
しかし、残念ながらこのような要塞は防衛には大して役に立ちませんでした。イギリス軍は都合の良い政治的理由を言い訳に再び侵略を繰り返しました。そしてノルマンディーの大部分がイギリスの支配下に陥りました。イギリスによる支配は 1419 年から 1456 年まで続き、もっとも長い侵略として歴史に刻まれました。

港町としてのオンフルールの歴史

今日のオンフール港は主に 4 つの区域から成ります: オテル・ド・ヴィル（Hotel de Ville - 市役所）と、平行して並ぶ漁港（Port de Pêche）と商港（Port de Commerce - 島と海岸地区の貨物船用）。この商港には（1840 年に建設され、1994 年に新たにできた岩の潮防壁からなる）3 つの埠頭があります。そして海運港（Port Maritime-Fluvial - セーヌ河口にある港で同じく貨物船や大型クルーズ船用）と世界的に有名なヨットハーバーである旧ドッグ（vieux Bassin）です。

ロマンチックな古き良きオンフルールの中心街には縦長に並ぶ絵のように美しい家並みが埠頭に面して見られ、皆からこよなく愛されています。この古い街並みの歴史は市街壁が取り除かれた 18 世紀初期にまでさかのぼります。その頃大通り（Grand Rue - 今日のラ・ヴィル通り）にあった市営塩倉 庫に新しい屋根が葺かれました。この時代塩は魚の鮮度を保つために必要とされただけでなく、貿易取引にも価値の高いものでした。これらの塩倉庫はノルマンディーではもっとも大きくそして最古の倉庫とされています。今日では展示場やコンサートホールとして利用されています。

また海運に関する重要な遺産として今日まで保存されている歴史的価値の高いヨットを見るのもお忘れなく。毎年 8 月の最後の日曜日には年に一度の船舶パレードがあり、全国から集まる多くの観光客を魅了します。皆このお祭りでオンフルールのチャーミングな中心街の古き良き時代を懐かしく思い出すことでしょう。

旧ドッグ（Le vieux Bassin）

オンフルールの現在のヨットハーバーは約 12 年ほど前までは小型漁業船などの船場としても利用されていました。しかし港町としての観光地化が進み、旧ドッグはヨットハーバーとしてのみ利用されるようになりました。

ファウボーグ（faubourgs）と呼ばれるもっとも古い広場が 3 つあり、これらはサンテティエンヌ教会（St.-Etienne）、塩倉庫、そして市役所があるエンクロス（Enclos - 古代広場）、そしてサント・カトリーヌ（Ste.-Catherine）とサン・レオナール（St.-Léonard）でこの 2 つの広場はもっとも古い埠頭があるエリアにあり、旧ドッグに隣接していて、教会の名前を取ってそれぞれサント・カトリーヌ河岸（Quai Sainte-Catherine）とサンテティエンヌ河岸（Quai St.-Etienne）と呼ばています。

サント・カトリーヌ教会（Ste.-Catherine）とリュテナンス（Lieutenance）

オンフルールの最大の見所とされる建築物は別棟の鐘楼があるサント・カトリーヌ教会とリュテナンスです。サント・カトリーヌ教会は奥行き 52 メートル、横幅 23 メートルの大きさを誇る木造建築で、フランスでは大変ユニークな建築物とされています。この教会は15 世紀後半に、それより 200 年前に建てられた小さな教会の跡地に建てられました。この教会の特徴は 2 列に配列された身廊の間を太いオークの支柱がきれいに整列して並び、木造のアーク型天井を力強く支えているところです。木材はこの時代もっとも安く手に入る建材だっただけでなく、船大工たちのもっとも得意とする素材で、彼らは船場が暇になったときには率先して建築に取り組みました。基礎だけが石造でできています。

サント・カトリーヌ教会の約 50 メートル下方にはもうひとつの歴史的記念物であるリュテナンスがあり、馬車が充分に通り抜けられる大きな門を構えており、以前はここはカン門（Porte de Caen）と呼ばれていました。ノルマンディーの首都に続くオト通り（Rue Haute）にはお店や職人の作業場、ホテルや居酒屋が立ち並んでいました。ここは戦争中でもにぎやかで繁栄していた地域でした。ラ・リュテナンス（La Lieutenance）の名 は大尉（Lieutenant）の階級を持つ地域の統治者が当時この小さな要塞を司令部としていた（何人かは実際にここに住んでいました）ことを語源とします。彼はオンフルールに起こるすべての出来事、特に港関連の責任者でした。夜になると港入口付近では干潮の高さに鎖を落とし、やっかいな船が入ってこないよう防衛を固めました。
1808 年に広場や要塞を含む市街壁が取り壊され、その時の石材は他の目的に転用されました。家屋はその当時まだ木造でした（森奥地にはまだ材木が豊富にありました）が、数多くの四角の石材は港を守るため、西に向かって長く続く突堤に用いられ、大型船の埠頭としても利用されました。

オンフルールと長い航海への出発

16 世紀、17 世紀には、多くの海の旅人たちはオンフルールからの出発を祝い、彼らの中には名を上げた人もいました。当時のスペイン人やイギリス人、そしてオランダ人が貿易のためや科学の探求を目的に大西洋を渡ったのと同様に、彼らも航海していったのです。その中にはカナダ、カリビアン諸島、そしてブラジルに移住した人もいました。彼らの船は 2 本あるいは3 本マストの帆船で、最高 300 トンもの船積量を誇りました。1664 年には 48 隻にも及ぶ大型横帆艤装船が合わせて 5315 トンがオンフルールで登録され、1789 年にはこの数字は 98 隻、そして合計 9670 トンにまで達しました。数多くいた船の有志の中には、オンフルールでもっとも有名なキャプテンの一人として挙げられた人で、1608 年にカナダにケベックの基礎を築いたと言われる サミュエル・ド・シャンプラン（Samuel de Champlain）がいます。彼はフランス - カナダ間の貿易の要となる仕事に半生を捧げました。

1820 年の夏には最初の外輪蒸気船トリトン（Triton）による高速フェリー運行サービスが開始され、オンフルール - ルアーブル間の最初の運行となりました。そしてこの運行船は1828 年には 4 隻にまで増えました。近代技術を信用できなかった人でも（稼ぎ

のいい仕事があった）ル・アーブルへは帆船でも、運賃は半分でたどり着くことができました。

お祝いする理由はいつでも必ずあるのです …

レストランや旅館の経営者は毎年5 月 1 日になると、サント・カトリーヌ河岸一杯に、それこそ岸壁までテーブルや椅子、そしてパラソルを出すのに大忙しです。

聖霊降臨祭の月曜日（Whit Monday）には船員たちのお祭りが行われ、水夫のコスチュームを身にまとった子供たちが長い行列を作って街中を練り歩く特別な日です。オンフルールのこのお祭りの起源は 1871 年にまでさかのぼります。海洋救助協会が聖霊降臨祭の月曜日にモンジョリ（Mont-Joli）の頂上にあるノートルダム・ド・グラス礼拝堂から街を見下ろしながら、特別な感謝祭を催したのがこのお祭りの始まりです。1066 年にはこの礼拝堂はすでにこの同じ場所にありました。

大規模な伝染病がオンフルールにまで広がった 1346 年より以前には、大きな民間のお祭りがありました。これはサント・カトリーヌ教会広場で 12 月に行われ、サント・カトリーヌ教会祭りと呼ばれていました。行商人やピエロ、占い師、曲芸師、飴の菓子職人などが皆のお気に入りを披露したり、店頭に並べたりして気を惹き、そしてお財布の紐を緩めさせるのでした。このお祭りは、墓地に囲まれた教会の周りで 2 週間続けてにぎやかに開催されました。

フランスでは 7 月 14 日はもちろん国民の祝日で、他のフランスの街々と同様にオンフルールでも大事な日であり、愛国心を込めたパレードやスピーチ、祝砲、花火や踊りが繰り広げられます。8 月 15 日もまた聖母マリアの祝日で、オンフルールはにぎやかになります。しかし献身的な信者は、ノートルダム・ド・グラス礼拝堂まで祝祭の行列に参加するか、市役所の前で披露されるオンフルールの「ホットクラブ（Hot Club）」の演奏に耳を傾けるか、さてどちらにしようかと悩むことになります。というのも 8 月の半ばにはオンフルールでは年に一度のジャズフェスティバルが開催され、さまざまなコンサートや野外ダンスが開催されるからです。

海老祭り（Fête de la Crevette）

祝祭行事といえば、10 月の第 2 週目の週末に行われるオンフルール海老漁師たちの祝日を見逃すことはできません。あらゆる種類の海の幸（fruits de mer）や 焼き菓子類、養蜂家の蜂蜜や手作りのジャム、シードル、そして港町ならではの手作りのお土産などが並んだ出店が何列にも軒を連ねます。紺と白の縞模様のシャツを着たお年寄りたちは全員が白く長いひげを蓄え、ハーモニカやバンジョーの音楽を奏で、それに合わせて気取った船歌を披露します。港や港につながる通り、そしてボートや旧ドックがすべて色鮮やかな旗で飾られます。また外国や近辺の港から来たヨットの中にオンフルールの伝統あるアンティークの大型艦隊が姿を見せ、その中ではもっとも目を惹く立派なものです。

ノルマンディー橋（Pont de Normandie）

セーヌ川左岸に続く「花の海岸」- フルーリ海岸（Côte Fleurie）と右岸を結ぶノルマンディー橋が 1995 年に開 通しました。この大胆な設計の巨大な橋のおかげでル・アーブルやフランスの北部からパリおよび南部方面への距離ががとても近くなりました。この橋は徒歩または自転車でも横断でき、往復には約 2 時間かかりま す。ボリューム満点の海鮮ランチを楽しんだ後にはちょうどいい運動になるでしょう。車は有料で片道 5 ユ ーロ（オートバイは無料）かかります。さらにお勧めのコースは 6.5 ユーロのボートツアーで、約 45 分の船 旅が楽しめます。橋の下から眺める景色は実に素晴らしく圧倒されることでしょう。

オンフルールの市場開催日

オンフルールでは毎週土曜日に市場が開かれます。市場はサント・カトリーヌ教会から港、そしてさらに映画館までの多くの通りや広場にまで広がって開催されます。野菜からあさり、チーズからチキン、スリップからスリッパ、ブーツからフルーツ、お酒からお菓子まで何でもあります。土曜日の朝にただ市場中をのんびり見ながら歩き回って味見を楽しむだけでも、買い物をするのと同じぐらい楽しめます。

芸術の街

オンフルールにある多くのアートギャラリーはアート好きな観光客が高い絵画を買いに来るためだけにある訳ではありません。ご存知の通り、オンフルールは絵画や彫刻で世界的に有名な街です。またこの街は古美術や現代美術のビジネスの中心として重要な役割を担っています。19 世紀の印象派の画家を育てた地でもあるオンフルールは、画家たちが好んでここに滞在し、特別な雰囲気があるこの環境で自ら美のひらめきを育みました。このような画家たちの中にはウジェーヌ・ブーダン（Eugène Boudin）も含まれ、彼もここに住んだ一人です。彼は水先案内士の息子であり、詩人、シャルル・ボードレール（Charles Baudelaire、1821 - 1867 年）が彼の才能を発見するまで、地元の文具屋の店主として働きました。その後ブーダンはオンフルールの広大な海辺を見下ろすサン・シメオン邸（Maison Saint-Siméon）に絵画学校を開きました。
その他オンフルールに住んだ著名な画家としては、アレキサンドラ・デュブール（Alexandre Dubourg）、ジャンオーギュスト・ガグネリ（Jean Auguste Gagnery）、グザ ヴィエ・ルプランス（Xavier Leprince）、クロード・モネ（Claude Monet）、ラウル・デュフィ（Raoul Dufy）、シャルル・モツィン（Charles Mozin）、ルイ・ガーナレー（Louis Garneray）などがいます。ヨンキント（Jongkind）、バジーレ（Bazille）、コロー（Corot）、そし てクルーベ（Courbet）
などの画家たちや、マル セル・プルーストのような著名作家、またエリック・サティ（Eric Satie）などの偉大な作曲家もオンフルールで創作活動に時間を費やしました。これらの著名人たちはたいていボードレールのサロン（salon）で落ち合い、想像力高める話に花を咲かせました。彼らの作品を収蔵するすばらしい美術館が数多くあり、また通りや場所の名前も彼らの名前にちなんで付けられています。
デリカテッセンのお店やベーカリー、そしてお菓子屋さん（是非りんごのタルトをお試しあれ！）、ワインのお店やその他の専門店が数え切れないほどあり、もちろんおいしい食べ物がたくさん並んだスーパーもいくつかあります。オンフルールでの買い物に一日を過ごすのも魅力一杯の観光ツアーになるでしょう！

オンフル ルこて、観光を思う存分楽しめる街です。オンフルールで休暇を過ごした方々はこの街の見所や魅力を発見し、きっと満足していただけることでしょう。そしてまた訪れたくなる理由がここにはまだまだたくさんあるのです！是非何度でもこのオンフルールを訪れ、心行くまでお楽しみください。

Choice of captions

1: セーヌ川河口の案内船、1850 年頃。
2: サンテティエンヌ河岸と海運博物館を望む景 色。
3: 漁船の系船場、1964 年。
4: 1477 年のオンフルールの地図。
5: 1560 年にオンフルールは運河と石壁に囲まれ街は島のようになった。
6: 古き時代のオンフルールでは貨物輸送や船荷の交換が重要な役割を担っており、大型外航船からの船荷がセーヌ川用の船に積み直された。この写真は1967 年に撮影されたもの。
7: サンテ・ティエンヌ教会、1959 年。
8: 1720 年頃を示すこの地図には明らかに 2 つの港湾とサン・レオナールとサント・カトリーヌの 2 つのファウボーグがあるのがわかる。
9: オンフルールのセーヌ河口、1880 年。
10: 中央港が再開される 2009 年にはこの街の外観が変わるだろう。
11: 1911 年の港の景色(ルアーブル市行き外輪水蒸気船とともに)。
12: パサジェーヤ(乗客用)河岸、1912 年。
13: バスの停留所、1913 年。
14: サント・カトリーヌ教会の鐘楼、1954 年。
15: オベリスク(方尖塔)広場、1913 年。
16: リパブリック通り、1921 年。
17: ロジェット通りに駐車されたシェナー・ウォルケアのサルーン、1952 年。背景には有名な薬局「アルフォンス・アッレー」がある。
18: カランテンヌ(検疫用)河岸、1955 年。
19: パサジェーヤ(乗客用)岩壁、1939 年。
20: 1920 年代前半の絵葉書。
21: 1950 年代のサント・カトリーヌ河岸。
22: ドゥ・ファーン通り、1912年。
23: サント・カトリーヌ河岸、1962年。
24: この船は 1938 年に18世紀の実物をもとに映画撮影のため造船されたもので、オンフルールの呼び物だった。その後解体のため旧ドッグを去ることに。
29: リパブリック通りから望むロマンチックな古き港、旧ドッグ。
33: 年代もののヨットや現代的なヨットが並ぶ旧ドッグ。
34: 昨夜の漁獲はどうだった?
38: 日の出に戻る船。
39: 外洋へと進む漁船。
43: この灯台は今日主に景観のために残されて いる。
47: 14 世紀から要塞化されたリュテナンス。
48: 由緒あるケッチ「 Fides 」(メーン・マストよりミズンマストが低くなった小型の縦帆船)が繋がれている係留場。後部左には市庁が見える。
55: カール河岸で漁具を乾かしているところ。
59: 1926 年に造られたサンテ・ベルナデッテ。
62: かつて船荷を下ろすのに利用されたサンテ・ティエンヌ河岸。
63: 夏にはヨーロッパ中のヨットがオンフルールを訪れる。
65: ずっと昔に建設された桟橋の遺物。
66: 船舶修理所に残された遭難船、2006 年。
68: 外港の景色。
69: オンフルールではいつでも貝の幸が楽しめ る。
73: 昔と同様このような技術は今でも需要が高 い。
74: オンフルールは木材やその他の商材の重要な貿易港である。
78: ルーアン市へ向かう貨物船。
79: 9 月の朝の光を浴びるカランテンヌ(検疫用)河岸。
83: 2 月の午後の外港。
88: 朝日がさんさんと降り注ぐリュテナンス。
89: ハメレン広場にあるリンゴ酒造屋。
91: サント・カトリーヌ河岸沿いに並ぶ建物。
92: オンフルールでもっとも有名な薬局ラ・ファーマシー・デ・パッソセアン。
97: 14 世紀に市の要塞の一部としてリュテナンスが建築された。
117: ロンシュヴィレ邸宅。
121: 南部方面へのメインストリート、リパブリック通り。
122: 顔にある斑点からメガネ牛とも呼ばれているノルマンの乳牛。
130: カルヴァドス酒で名の知れる店の一つグリブイーエ家。
133: サント・カトリーヌ河岸の端にある昔の税関 。
135: サント・カトリーヌ広場に続く階段。
138: 霧の立ちこめた 2 月の旧ドッグ。
139: クール・デ・フォッセーの青い家。
141: 豊富な種類が揃うトロピカルドリンク。
142: カリブ地方からのスパイスがオンフルール にも。
144: 17 世紀に建てられたブリュレー通りの家 並。
147: オンフルールではめったに雪が降らないが、この風景にはよく似合う。
148: リュテナンスがある旧ドッグの冬景色。
153: マリウスのオリーブ。
154: メナード家のチーズ。
155: 「メリーウィスラー」のソーセージ。
156: メトル・ゴリブイェのカルヴァドス酒とポモー 酒。
158: カシャン通りの手芸店。
159: ベルテオロ広場のレ・カフェ・デ・アーティスト(アーティストのカフェ)。
169: ホタテ貝 – 味覚をそそる魚介類の一つ。
170 – 174: 手作りジャム、鳥の丸焼き、魚やマッシュルーム、種類豊かなパンなど、お腹を空かしたときに是非行きたい土曜日の市場。
175: 居心地のいいシーフードレストランの一つ。
179: 平日の予約は不要。
180: カランテンヌ(検疫用)河岸。
181: サント・カトリーヌ広場。
198: 現代的なメディアテックのお店は本や雑 誌、DVD や CD-ROM など最新メディアすべて が揃っている。
201: ド・ファン通りにある古いオンフルールの画廊でジョゼファに会おう。
202: オンフルールの中心にあるジャン・マーク・デ・パ作「貝を集める女性達:レ・モウリエーレ記念像」。
210: サント・カトリーヌ教会右側の身廊。
211: 西部方面に向かう通りは中世から混雑した商業地区だった。
212: 港の景色がなくてもおいしい料理で十分満 足。
213: オンフルールの由緒あるメリーゴーランドは夏の呼び物の一つ。
221: オンフルールの海辺はいつでもあまり混んでいない。
230: サント・カトリーヌ教会の古い木造建て鐘楼は博物館としても利用されている。
233: サント・レオナルド教会の外観(14~18 紀)。
234: オンフルールの民族博物館は訪ねてみる価値あり。
235: (かつて7軒の肉屋が並んでいた)小さいお肉屋さん通り。
237: サント・レオナルド教会を南側から眺めた景色。手前にはかつて港近くのルポミエー河岸にあった戦士の記念像が見られる。
242: リュテナンス。
245: ノートルダム・ド・グラス教会の分離された 鐘楼。
247: サント・カトリーヌ教会とサント・レオナルド教会のステンドグラス。
249: モン・ジョリにあるノートルダム・ド・グラス礼拝堂。
250: 聖霊降臨祭で子供達が伝統的な巡礼に参

加しているところ。
255: ロンシュヴィレ邸宅。
257: アルベア・ソレル記念像。
259: ヴィレ通りにある画家のアレキサンドラ・デュブールがかつて住んだ家。
260: 圧倒させるノルマンディ橋は 1988 年から 1995 年にかけて建設され、長さ 2143 メートル、高さ 215 メートル、幅 24 メートルを誇る。
261: フルリー通りにある公共洗濯場の枠組部 分。
262: リュテナンスに続く階段。
263: 外港の景色。
264: オンフルールの名所の一つであるサント・カトリーヌ教会の鐘楼。
271: サント・カトリーヌ教会の二つの身廊の前に飾られた聖霊降誕祭の飾り。

Traductions
Français : Ruth Paro, Valentin Schneider ; Anglais : Brian Goodman, Helen Schatzberger, Halwart Schrader ; Japonais : Masayo Nishioka.

Production
Mise en page : Halwart Schrader ; traitement de photos, redaction des textes, production technique : Valentin Schneider ; correction : Gérard Sasias, Gabriele Schneider ; imprimerie : Sagrafic S.L. Barcelona/Espagne.

Éditeur : Hans-Jürgen Schneider

Maison d'édition : SCHNEIDER TEXT Éditions spécialisées ; e-mail : schneider-text@wanadoo.fr ; Site internet : www.schneider-text.com

ISBN : 2-911870-17-4 **Dépôt légal :** 2007

Translations
French: Ruth Paro, Valentin Schneider; English: Brian Goodman, Helen Schatzberger, Halwart Schrader; Japanese: Masayo Nichioka.

Prepress and Production:
Layout, Scan: Halwart Schrader; special picture editing, revision of text, production: Valentin Schneider; proof-reading: Gérard Sasias, Gabriele Schneider; printing: Sagrafic S.L. Barcelona/Spain.

Editor: Hans-Jürgen Schneider

Publisher: SCHNEIDER TEXT Éditions spécialisées; e-mail: schneider-text@wanadoo.fr; website: www.schneider-text.com

ISBN: 2-911870-17-4 **Dépôt légal:** 2007

Translations
French: Ruth Paro, Valentin Schneider;
English: Brian Goodman, Helen Schatzberger, Halwart Schrader; Japanese: Masayo Nishioka.

印刷・製本:
レイアウト、スキャン: Halwart Schrader
写真加工、装丁、製本: Valentin Schneider
印刷: Sagrafic S.L. Barcelona/Spain

編集者: Hans-Jürgen Schneider

出版社: SCHNEIDER TEXT Editions spécialisées;
E-Mail: schneider-text@wanadoo.fr
Website: www.schneider-text.com

ISBN: 2-911870-17-4

275

275 : Le quai Saint-Catherine au bord du Vieux Bassin sans aucune circulation automobile : scène de la fin des années 30 (photo : André Leconte).
275: The Quai Sainte-Catherine on the Vieux Bassin without any car traffic: scene from the late thirties (picture: André Leconte).
275: Der Quai Sainte-Catherine am Vieux Bassin in Honfleur noch ganz ohne Automobil-Verkehr: Szene aus den späten 30er Jahren (Foto: André Leconte).